MISSION
ミッション

元スターバックスCEOが
教える働く理由

元スターバックスコーヒージャパンCEO
岩田松雄
Iwata Matsuo

アスコム

本書をスターバックスとザ・ボディショップの
お店で働くすべての人に捧げる。

なぜ、人々はスターバックスに行くのか。
なぜ、「スターバックス」と
「スターバックスに似たコーヒーショップ」を
明確に区別しているのか。
それはスターバックスに人々を魅了する
〝何か〟があるからです。

そして、その〝何か〟を生み出すのが
企業と働き手たちのミッション（使命）
に他なりません。

スターバックス・インターナショナルの元社長で、
私が敬愛するハワード・ビーハーはこう言っています。
「私たちは人々のお腹を満たしているのではない。
心を満たしているのだ」

スターバックスの前に私が日本法人の社長を務めた
「ザ・ボディショップ」の創業者であり、
私の大切な友人だったアニータ・ロディックも

「ザ・ボディショップは単に利益を上げる企業ではなく、
社会貢献をして、世の中を変えていく」

という強い信念を持っていました。

世界を変えてきた人たちは
何かに「突き動かされるように」生きています。
単なる自己の満足のためではなく、
ミッションを持って闘っている。

その使命感こそが、
人々の期待を大きく超え、感動を呼び、
社会を好転させる源泉になると
私は信じます。

日本企業は窮地に追いやられていて、
働き手たちは望む目的を叶えられないことが多い。

だから、「何のために」ではなく
「どうやって働くか」という働き方やスタイルを
重視する人たちが増えてきました。

しかし、私は今こそ踏ん張りどころだと思うのです。
自らの働き方ばかりにスポットを当てている限り、
人々を感動させることはできない。
重視すべきは「働くスタイル」ではなく、
「いかに人々を喜ばせるか」だと信じます。
ミッションを掲げ、
社会を変える一翼を担うことだと信じます。

私たちは、
何のために働くのか。
どうすればやりたいことが
見つかるのか。

この壮大な問いに
私がどれだけの答えを用意できるか、
正直言ってわかりません。

でも、読者の方々と一緒に考えることはできる。

私のスターバックスとザ・ボディショップでの
経験をひも解きながら、
働く本質的な価値を探していくことにします。

ION

序　章
Prologue

あなたの火花散る一瞬はいつか？

パチッ。パチパチッ。

すっと伸びていくロボットのアームの先端。ピタッと動きが止まると、一瞬の間をおいて、突然、黄色い火花が散ります。

人気のない工場のラインに光る、花火のような輝き。それは美しくもあり、また不思議な厳粛さをたたえていました。

「いいか、岩田」

ぼんやりとその様子を眺めていた私に、ヘルメットをかぶった上司がこう言いました。

「この工場で価値を生み出しているのは、あの火花が散っている瞬間だけなんだぞ――」

もう30年も前のことになります。大学を卒業して日産自動車に入社した私が、研修や工場での実習を終えて本社の購買管理部技術課に配属され、車体溶接工場を見学していたときのことです。

まだ塗装されておらず、むき出しの、鈍いグレーの部品が、産業用ロボットに抱えられて次々に組み合わされます。そこに溶接用のアームが伸びてきて、正確に火花を散らせ、つなぎ合わせて自動車のボディを形作っていきます。

テレビのニュースで経済統計や自動車メーカーの業績を伝えるとき、バックの資料映像としてたびたび使用されている光景、と聞けば、思い出される方もいるかもしれません。

価値を生み出しているのは、火花が散っている瞬間だけ。

その言葉を、当初私は、よく理解できませんでした。

火花が散る瞬間、つまりボディが形作られていくまでには、さまざまな工程がある。ボディを運搬したり、向きを変えたり、部品を在庫したり。それなのに、あのまぶしい瞬間だけに価値があるとはどういうことなのか？

私が「はあ」と気のない返事をすると、上司は続けました。

「この工程で価値を生んでいるのは、鉄板同士が溶接されてくっつくということだけ。あとは何も関係ない。部品の運搬をどう効率的にやろうが、在庫を抱えている時間が何日あろうが、会議で何を話し合おうが、それは本質的に価値を生み出していないんだ。あの火花が散っている瞬間だけが、価値を生み出している。そういう目で現場を見なさい」

パチッパチッ。上司の肩越しに、また火花が散りました。

1983年、入社2年目のこの日の思い出は、その後長く私の頭の中に残ることになります。

私は95年に日産自動車を退職し、さまざまな企業を経験してきました。外資系コンサルティング会社、世界的な飲料メーカー、日本のベンチャー企業、日系のおもちゃメーカー。そして、ザ・ボディショップとスターバックスコーヒージャパン。

しかし、どの企業に、どんな業界に身をおいていても、黄色い火花の記憶が消えることはありませんでした。むしろ、火花の輝きを直接目にすることができなくなってからのほうが、その意味をより深く理解するようになったのです。

スターバックスで火花散る一瞬とは

何が価値なのか？　価値はいつ、どこで生み出されているのか？

火花はどこで散っているのか？　一見華やかに見える仕事でも、それが本当に価値を生み出しているのだろうか？　火花が散る瞬間、それは価値を生み出すビジネスの本質そのものです。

２００５年、私はイオンフォレストという企業に社長として招かれました。日本で「ザ・ボディショップ」を展開している会社です。

ここで私は初めて小売業にかかわることになります。まず考えたのは、小売りで「火花が散る一瞬」とは一体いつなのか、ということでした。

最初にイメージしたのは、お客様が商品を選んでお金を支払う際に、レジが開いて「チーン！」と鳴る瞬間。しかしこれでは少々夢がないというか、味気ない。そこで、お買い上げいただいたお客様を、笑顔で気持ちよく送り出す瞬間をイメージするようにしました。お客様が満足感を得た瞬間です。

ところが、現実は必ずしもそこに目が向けられていませんでした。店舗のコスト削減、週明けの会議に提出する資料の作成、社内会議、いかに商品を搬入するか、万引きの防止策……。どれも、ザ・ボディショップのお客様には関係のないことばかり。お店のスタッフがお客様のお相手をするという本質的なこと以外に時間をとられすぎている。

そのあとにCEOを務めたスターバックスコーヒーで火花が散る瞬間は、より明確でした。スターバックスの店舗に足を運んでくださるお客様は、「すてきな空間で、おいしいコーヒーを飲みたい」という明確な意志を持っています。オーダーをお受けしてお金を受け取り、でき上がった最高のコーヒーを、自信を持って笑顔でお渡しする瞬間に火花が散っている。

そして、そこにこそ、全社員のすべての意識を集中させる必要があるのです。

ザ・ボディショップのレジや、スターバックスのスポットライトを浴びているカウンターは、車体溶接工場ではありません。もちろん本物の火花が輝くことも、刺激的な音に驚かされることもない。それは、オフィスのデスクでも、営業の現場でも同じです。

しかし、火花を見ようと意識している人だけが、本質的な価値を生む瞬間がいつなのかを、はっきりと見いだすことができます。

「スターバックス」と「スターバックスらしきもの」の決定的な違い

この本を手に取ってくださった方をはじめ、大勢の消費者が、一流のブランドと、そうでないブランドをはっきりと区別しています。

では、なぜそうなるのか？

どうして多くの人がコーヒーショップを見かけると、「スターバックス」と「スターバックスに似たコーヒーショップ」という分け方をするのか？　ＣＥＯを務めていた私でさえ、最初はその理由がはっきりとはわかりませんでした。

他の店よりもコーヒーがおいしいから。内装が凝っていて、ソファのかけ心地がいいから。パートナー（スターバックスでは店舗で働く人たちもＣＥＯも立場にかかわらずこう呼びます）がきびきび働き、笑顔がすてきだから。
もちろん、これらはすべて正解なのですが、そこをもう一段掘り下げて考えてみてほしいのです。

スターバックスには、次のようなミッションステートメントがあります。

To inspire and nurture the human spirit—
One person, one cup, and one neighborhood at a time.
（人々の心を豊かで活力あるものにするために——
ひとりのお客様、一杯のコーヒー、そしてひとつのコミュニティから）

・お互いに尊敬と威厳を持って接し、働きやすい環境を作る
・事業運営上での不可欠な要素として多様性を積極的に受け入れる
・コーヒーの調達や焙煎、新鮮なコーヒーの販売において、常に最高級のレベルを目指す

・お客様が心から満足するサービスを常に提供する
・地域社会や環境保護に積極的に貢献する
・将来の繁栄には利益が不可欠であることを認識する

6つの箇条書きの部分は、今では新しいものに変わっていますが、私はこの旧バージョンが大好きです。

なぜなら、コーヒーを販売している企業なのに、コーヒーについては3番目にしか出てこないからです。

スターバックスを特別な存在にしているのは、スターバックスと、そこで働く人たちに、こうしたミッションが深く浸透しているから。

何のために働くのか？　どこに向かってビジネスをしているのか？　その持続的な問いかけが、従業員ひとりひとりに深く染み渡り、終わりのない努力を続けているからこそ、他社との「違い」を生み出し、一流に見えるのです。

社長がミッションを書き、額に入れて飾っているだけでは意味がありません。経営者だけが意識していても不十分なのです。

「われわれは何のために働いているのか？」そこで働くだれもが、心からミッションを意識しているからこそ、火花の輝きに向かって力を注ぐことができる。そんな企業が、新しい価値を生み出す。だから一流のブランドだと認識されるのです。

ビジネスなのだから、ミッションのようなきれいごとの前に利益を出せなければ意味がない、とおっしゃる方もいます。

利益は大切です。その点は、私も同意します。

ところが、多くの人がそこで考えることをやめてしまう。

確かに、どんなによいことをしても、赤字では企業活動は持続できません。では、何のために利益を出さないといけないのか？　それは企業が永続して、自分たちのミッションを達成し続けるためです。

利益は手段であって、最終目的ではありません。数字は便利でわかりやすい。いくら利益を出したか。前年比何％増だったか。それを追いかけることだけがやがて目的化してしまうのです。

私がこの本で考えたいのは、「そもそも、企業は何のために存在し、利益を出すのか？」

ということです。

それでもまだピンとこない方には、違ったアプローチをしてみましょう。

豊かになった社会では、ただ利益を上げたいという企業は顧客に魅力的な存在として映りません。

どんよりした店内で、コスト削減だけが口ぐせの店長と給料分だけ働く店員に流れ作業で淹れてもらった〝そこそこのコーヒー〟を飲んで、支払った代金以上の価値を感じる人などいません。

「コーヒーが飲みたかったんだけど、近くにスタバがなかったから、まあここでも仕方がないか」。そんな動機でたまたま来店してくれただけ、というのが正直なところでしょうか。こんな企業は、往々にして価格競争の波に飲み込まれていきます。

一方、ミッションを大切にしている企業は「ご指名買い」です。お客様に「コーヒーが飲みたい」のではなく、「スタバに行きたい」と思われるのです。

そこに価格を超えた満足感があるからこそ、お客様はそれを求めて集まってくるようになります。

ハワード・シュルツの「匂い」

これは、個人においてもまったく同じです。

スターバックスでミッションを深く意識した人は、おそらくその後、どんな仕事についても、生涯ミッションを追求しながら働くでしょう。と言うよりも、人生そのものがミッションの追求に向けられるはずですし、それにしたがって仕事選びを考えるはずです。だから、何の仕事をしていようと、どんな環境にあろうと、火花が散る瞬間を見極めようとするのです。

ブランド力のある一流の会社は、「どうやって儲けるか」ではなく、「そもそも企業は何のために利益を出すのか」というミッションを大切にします。

個人も同じ。「どうやってラクして給料をもらおうか」とか、どんな肩書きだと世間のウケがいいか、あるいはどんなスタイルで働くのがかっこいいかなど、どうでもいいことです。

どうして働くのか。何のために働くのか。

すばらしい仕事をしている人は、必ずと言っていいほど明確なミッションを持っています。そして、そんな人と仕事をするのはとても楽しい。「ああ、この人と仕事がしたい」と思うのです。

私が、スターバックスコーヒージャパンのＣＥＯに就任するかどうか、最終決定を下すのは創業者のハワード・シュルツ（スターバックスコーポレーション会長兼社長兼ＣＥＯ）でした。２００９年の1月、私はシアトルのスターバックス本社を初めて訪問しました。当時マリナーズで活躍していたイチロー選手のグローブが飾ってあるハワードのオフィスで、彼の最終面接を受けることになっていたのです。

ハワードは、まず私にこう聞いてきました。

「あなたは今まで日本のザ・ボディショップで実績を出してきたのに、どうして辞めるんだ？　なぜスターバックスなんだ？」

私は、予想どおりの質問だったのでこう答えました。

「ザ・ボディショップでの自分の目標はほぼ達成できたので、ここで一区切りつけたかった。新しくて、よりチャレンジングな目標に取り組みたい。その場所を探していたら、たまたまスターバックスコーヒージャパンからオファーがあった。そこであなたが書いた本を読んでみたら、『人を大切にする』と書いてある。そこにとても共鳴したからだ」

ハワードは、こう言いました。

「そうか。で、あなたは、スターバックスに何をもたらしてくれるんだ?」

私はできるだけ単純な言葉を選びながら、答えました。

「自分には、商売の感覚があると思う。ザ・ボディショップでも売り上げを2倍にしたし、アトラスという企業も再生した。ビジネスのセンスは……」

話を続けようとすると突然、ハワードは私の言葉を遮り、身を乗り出して言いました。

「商売の感覚っていうのは、つまり〝スメル〟のことだろ？」

ああ、私の感覚が通じた！

「そのとおり！」

「すごくわかるよ！　それ。匂いがわかるんだろ？」

ビジネスプランを論じたり、難しい経営学の用語を駆使して話をしたりするのではありません。

ハワードの言う「匂い」。私の言葉に置き換えれば、それは「火花」になります。火花が散る瞬間の独特のこげた匂い。

じつは、ザ・ボディショップを創立したカリスマ、アニータ・ロディックも、私に似たような言葉をかけてくれたことがあります。

こんなの、合理的な話でも何でもない。しかし、そこには情熱を注ぐだけの何かが、必ず存在する。その匂いをかぎ分けることができるのは、ミッションを持つ人だけだと思うのです。

私は、この瞬間合格を確信しました。

会社員かノマドかなんて、どうでもいい

この本の、とりあえずのゴールは、みなさんに、

「自分はなぜ働くのか」
「自分は何のために働くのか」

を自発的に考え、そして、自分のミッションを構築していただくことです。

言い方を換えれば、私が自分自身のミッション構築の過程で、大きな影響を受けたスターバックス、ザ・ボディショップというふたつの世界的なブランドを通じて、ミッション

を持った人間になるにはどうすればいいのかを考える本でもあります。

ミッションがなくても、成功することはきっと可能です。

今から10年以上も前に、ＩＴバブルと呼ばれた時代がありました。創業間もない経営者たちが、株式上場と株価の高騰によって数億円、数十億円の資産を手にしていたのです。

彼らの多くは都心の高級高層マンションに自宅を構え、ヨットやフェラーリを買い求め、夜な夜な銀座に繰り出していました。そしてＩＴバブルの崩壊にともなって、そのほとんどがまさに泡のように消えていきました。彼らはなぜ消えてしまったのか。

それは明確なミッションがなかったからだと思います。

彼らは時代を見る目を持ち、人よりも行動力があり、ちょっとしたお金儲けの才覚もあった。しかし、自分は何のために生きているのか、何のためにリスクを負うのか、そして何のために会社を作り、お金を稼ぎ、利益を出すのかというミッションがなかったのではないでしょうか。

今、当時のＩＴ社長を冷やかすのはたやすい。しかし、私は現在でもこうした流れは変わっていないのではないかと危惧《きぐ》しています。

自分の働き方や働くスタイルばかりを考え、なぜ働くのか、自分の使命は何なのかを考える人は依然として少ない気がします。

最近流行のノマドワーカーに関する議論もそうです。

ノマドワーキングそのものは、いいことでも悪いことでもありません。ひとつの働き方、スタイルであり、それ自体はニュートラル。そうする必要があれば、そうすればいい。スターバックスはノマドワーカーに快適な場所を提供しています。ノマドワーカー同士の交流から、新しいビジネスが生まれることも珍しくありません。

でも、ノマドワーキングは、あくまでも働き方、働くスタイル、形態であって、それ自体が、なぜ働くのか、自分のミッションとは何かとは、本質的に結びつくわけではありません。そこを誤解している方が、あまりにも多いのです。

ミッションを強く自覚すると、それを達成するために、自分なりのロードマップが描けるようになります。その線上に、たまたまフリーランスで、ノマドワーキングでいくべきと考える時期があるのなら、そうすればいいし、会社にいたほうがよければ、そうすればいい。

でも、会社勤めはもういやだからフリーランスだ、ノマドだ、と流されていくのは、かつてのＩＴバブルの若い社長たちと、何ら変わらないと思うのです。

自分の存在理由、ミッションがないのですから。

自分で考え、自分で見つけ出したミッションの構築に比べれば、働き方や肩書き、お金があるかないか、見た目の経歴が一流かどうかなどの問題は、じつにどうでもいいことです。経験を重ね、新しい発見をもとに、ミッションをバージョンアップしていけばいい。

一流かどうかは、ミッションを持ち、その実現に真摯《しんし》に取り組んでいるかどうかで決まります。

ミッションは、コーヒーや化粧品に限らず、公務員でも主婦でも学生でも、どんな業種、仕事、立場でも変わらず必要なものです。

ビジネスや経営だけでなく、もっと普遍的な「自分はなぜ働くのか？」ということ、さらに言えば「自分はどう生きるのか？」という、とても根本的な問いかけです。

私は、普通のおっちゃん

ずいぶんえらそうに書いていますが、私自身、ミッションの必要性をはっきりと気づいたのは、じつはここ数年のこと。とりわけザ・ボディショップとスターバックスという、強烈なミッションを持っている企業で経営者として働いた経験を通じて、強く意識するようになりました。

講演後の懇親会などで、時々「岩田さんは、すごいご経歴ですね」と声をかけてくださる方がいます。

「とんでもない！」といつもお答えしています。勘違いもいいところ。私自身はいつも薄氷の上を、もがきながら進む人生を歩んで来ました。

高校受験では遅刻しそうになるし、大学受験は家の経済的事情で私立を一切受験せずに一浪の末地元の大阪大学に進学。卒業後勤めた日産自動車では出世競争に脱落しそうになったり。ビジネススクールもＵＣＬＡに何とか補欠で合格……。

いきなり陽の当たる場所に出たわけではないし、銀のスプーンをくわえて生まれてきたわけでもありません。学生時代の野球でも、ビジネススクールの留学でも、さまざまな企業での経験も、挫折し、壁を乗り越えてはまた壁にぶつかる連続でした。その中で、メンタル面でまいってしまったこともありました。

一方で、私の講演を聞きに来てくださった方の中には、実際に私を見て「岩田さんはご経歴の割には『スマートさ』がなくて、どちらかと言うと『普通のおっちゃん』に近いですね」という、正直な感想を述べられる人がいます。まさにそのとおり。そう言っていただくほうが居心地がよいです。

詳しくは追って述べますが、私は、3社8年間会社経営をしていく中で、ミッションの重要さを痛感しました。なぜ化粧品店で、売り上げに関係ないフェアトレードや環境問題についてお客様に真剣に説明しているのか？　なぜコーヒーショップで、紙カップに「今日もお仕事お疲れ様でした！」と書いて出しているのか？　そんな対応ができるのは、それぞれの会社がすばらしいミッションを持っているからです。そしてその存在理由（ミッション）がそこで働く人たちに深く浸透しているからです。

そしてミッションは会社にだけ必要ではなく、ひとりひとりにも必要だということに気がつきました。

立派なミッションをお持ちの方は、世の中に少なからずいます。しかし、彼らが書いた本を読み、彼らのミッションを真似ても、おそらくうまくはいかないでしょう。

ミッションは、自分で見いだし、考えてこそ価値があるものです。そして、知識を得て、経験を重ね、力をつけ成長していく過程で、進化し、バージョンアップしていけばいいのです。

有名ブランドを冠した手軽なビジネスノウハウの本があふれている中で、あえてそちら側には重きをおかず、読者のミッション構築を促す本を書いてみたい。そんな私のわがままな想いに、アスコム編集長の黒川精一さんは応えてくださいました。心から御礼を申し上げます。


ミッションを持っている企業は活力があり、顧客を楽しませ、驚かせ、感動させます。

ミッションを持っている人は、たとえ厳しい現実に直面しても、常に前向きで、いきいきしています。

ミッションを構築すること。

ミッションを持ち続けること。
そして、その実現に人生をかけ、社会を変えること。
それは、自分自身の中で散っている火花を、常に見逃さないことでもあります。
あなたの火花は、どこで散っていますか？

私がこの本を書く目的は、一言で言えばみなさんを元気づけることです。ひとりでも多くの人が、自分のミッションを意識して生きるようになれば、世の中はもっとすてきでよくなるはずです。
本書を通じてそんな世界の実現に役立てたら、これほどの喜びはありません。

MISSION
CONTENTS

序章

第1章 どうすれば人を魅了できるのか

第2章　ザ・ボディショップとアニータ・ロディック

MISSION
CONTENTS

第4章 僕たちは何のために働くのか

MISSION
CONTENTS

第7章　ミッションを育てる時間術、勉強法、読書術

MISSION
CONTENTS

MISS

第1章

どうすれば人を魅了できるのか

ION

私たちは偉大なことはできません。
偉大な愛で小さなことをするだけです。
——マザー・テレサ

スターバックスへのクレームで一番多いのは……

私がスターバックスコーヒージャパンのCEOだったときのこと。あるメディアの取材で、記者の方がこんな質問をしてきました。

「なぜスターバックスは、長居しているお客様を追い出さないのですか？　居心地のよい空間にこだわればこだわるほど、お客様に長居をされて、売り上げが落ちてしまうのでは？」

とてもいい質問です。

確かに、スターバックスのお客様の中には、長居される方が少なくない。ウィークデーなら、テスト勉強に励む学生さんや、ノートパソコンやスマートフォン、iPadなどで仕事をするビジネスマンが目立ちますし、週末にも、教科書や参考資料を広げて勉強している方が目につきます。きっと、いろいろな資格取得、TOEICなどの英語の勉強など、それぞれの目標に向かってがんばっておられるのでしょう。

スターバックスは、基本的にはこうしたお客様を追い出しません。

長居をされればされるほど、売り上げが落ちてしまうのではないか？　それは、そのとおりです。**じつは、スターバックスに対するお客様のクレームで一番多いのは、混雑に対するもの。せっかく来たのに、座れない……、と。**

あなたも、スターバックスに入ったものの席が空いておらず、待たされたり、仕方がなくテイクアウトしたり、コーヒーを飲むことを諦めたりした経験があるのではないでしょうか。ひょっとすると、質問をした記者の方もそうだったのかもしれません。

せっかくご来店いただいたのに、混雑が理由でコーヒーを買えなかった。そのことだけに注目すればとても申し訳ないことです。そして、経営者として売り上げを最大化することだけを考えるのならば、混雑時はコーヒー1杯につき、席を専有できるのは1時間とか2時間とルールを定めて、売り上げをしっかり確保することが大切になります。

でも、スターバックスはそうしない。

なぜなら、スターバックスのミッションは、コーヒーを売ることではないからです。

なぜスターバックスは長居する客を追い出さないのか

スターバックスは、BHAG《ビーハグ》として次の言葉を掲げています。

「人々の心に活力と栄養を与えるブランドとして世界でもっとも知られ、尊敬される企業になること」（著者訳）

BHAGとは、Big Hairy Audacious Goal の略。「社運を賭けた大胆な目標」です。

ここには、「コーヒーを売る」とか、「売り上げや利益を追求する」といった言葉は出てきません。

学生でも、ビジネスパーソンでも、スターバックスに来たお客様が、リラックスできたり（活力を得る）、賢くなったり（栄養をとる）すれば、それでいい。

それは確実に世の中のためになっていることだから。

人々のために、おいしいコーヒーと居心地のよい環境を提供することを通じて、「人々の心に活力と栄養を与える」ことが、スターバックスのこの社会における使命なのです。

このインタビュー記事が出たあと、私は何人もの方から次のような言葉をかけていただきました。

「私は学生時代、毎日スターバックスで勉強させてもらいました。スターバックスのおかげです。ありがとうございました」

「コーヒー1杯で何時間も粘って仕事をしてしまって……。それでもお店の方はいつもとても親切でした」

「スターバックスで執筆をがんばっていた日々が懐かしい。お気に入りのコーヒーを飲むたび、またがんばろうという気分が高まってきます」

反応のあまりの多さに、私自身がびっくりしました。席を占有していた彼らは、スターバックスのもっともコアなファンになっていて、スターバックスに対して、感謝、あるいは愛情に似た思いを抱いているのです！

彼らが1杯のコーヒーで2時間も3時間も席を使っていたことは、スターバックスの売り上げには確かに短期的にはマイナスの要因だったかもしれません。しかし、彼らがお店にいた時間の分だけ、何らかの新しい価値を創造し、世の中によい影響を与えているとしたら、それこそがスターバックスの存在理由なのです。そして、そんな彼らが今でもスターバックスのことを特別な存在として意識してくれているのです。

スターバックス躍進の立役者のひとりで、私の大好きなハワード・ビーハーは、こう述べています。

「私たちは人々のお腹を満たしているのではない。心を満たしているのだ」

コーヒー・ビジネスではなく、「ピープル・ビジネス」を追求する。すると、お客様の心を満たしていたつもりなのに、やがて、お客様からも心を満たされるようにさえなる。こうしてミッションを通じて、両者の間には本質的な結びつきが生まれます。

顧客はファンとなり、商品を通じて、その企業の理念を買っていく。

中には仲間に加わる人も出てくる。

結果として、企業には十分なリターンが長期的に得られるようになる。

もちろん、スターバックスは自信を持っておいしいコーヒーを提供し、すてきな空間と、高い意識を持つパートナーの笑顔がそれを彩っているのですが、明確なミッションがあり、それを追い求めていると、単にものやサービスをお金を介してやりとりする、ということを超えた関係が生まれてくるのです。

具体的な例として、いくつかのスターバックスストーリーをご紹介しましょう。

スターバックスで本当に起きた5つの奇跡

奇跡1　認知症のおじいさん

私が店舗のパートナーから聞いた、とあるお店での話。

その店には、開店間もない朝の時間帯に、毎朝必ず通ってくださるおじいさんがいます。そのおじいさんはお店に来ると、決まってこう言います。

「ちっちゃいの、ちょうだい」

ドリップコーヒーのショートサイズをおじいさん流にオーダーすると、こんな表現になるのでした。

しかし、おじいさんは、お金やコーヒーの受け渡しも、席についてからの様子も、何となくおぼつかないところがあります。パートナーが実際にヒヤッとしたことも、一度や二度ではありませんでした。

毎朝通ってくださるので、やがてパートナーとは顔見知りになり、いろいろな言葉を交わすようになったのですが、毎日話をしているのに、おじいさんは前の日のことをまったくと言っていいほど覚えていません。同じことを何度も聞かれるし、同じ内容の話を何度も繰り返す。パートナーたちには、どうやらおじいさんが認知症であることがわかってきました。

認知症は、新しいこと、最近起きたことの記憶がなかなか保持できない一方で、過去の記憶は比較的保たれていると言います。そんな中偶然、おじいさんの誕生日がわかりました。その日はもうすぐでした。

そこで、パートナーたちはおじいさんにプレゼントをすることに決めます。みんなの寄せ書きも添えて。

誕生日の朝、プレゼントを手渡すと、おじいさんは「ありがとう」と言って、うれしそうな表情をしてくれました。しかし、パートナーたちは、おそらく数分後にはその記憶がなくなってしまうことを知っていました。そもそも、おじいさんが今日という日を自分の誕生日として認識しているかどうかもあいまいです。それでも、笑顔が見られた。それだけで十分でした。おじいさんはプレゼントを持ち帰ってはくれましたが、案の定、翌日にはプレゼントのことも、誕生日のこともまったく覚えていませんでした。

ところが後日、中年の女性が店に現れます。おじいさんの娘さんでした。台所の机の上に見慣れないプレゼントが置いてあったこと、そして、どうやら毎朝通っているスターバックスの店員にもらったことを知って、感激してわざわざお礼を言いに来てくださったのです。

私が心を動かされたのは、認知症のおじいさんの誕生日を祝うパートナーたちのやさしい行動だけではありません。

この話を教えてくれたパートナーたちが感動していたのは、おじいさんが喜んでくれたことでも、娘さんがお礼を言いに来てくれたことでもない。おじいさんが、プレゼントと寄せ書きを、落とさずに家まで無事に持ち帰れた。よかった、本当によかった！　そのことがうれしくて、心から感激していたのです。

私は、パートナーたちのやさしさに、言葉を失いました。

奇跡2　交通事故と1杯のコーヒー

別のお店でのできごと。これは、お客様からお葉書をいただいて知ったすてきなストーリーです。

ある日、ドン！というすさまじい音が響きました。びっくりして窓の外を見ると、お店のまさに目の前で交通事故が起きていたのです。

事故を起こしたドライバーの女性をはじめ、幸いにして関係者にけが人はいないようでした。

ただ、そのドライバーの女性はショックを受けて歩道に突っ立ち、顔を白くして警察官の到着を待っている様子でした。

すると、それを見ていたパートナーがコーヒーを1杯持って、外に出ていったのです。

彼女はドライバーに笑顔で声をかけ、「どうぞこれを飲んで心を落ち着かせてください」

とコーヒーを手渡しました。

もちろん女性ドライバーはスターバックスのお客様ではなく、たまたま事故を起こしてしまったのが店の前だったというだけ。

アルバイトのパートナーがとっさにこのようなことができる。事前にマニュアルには書けない対応をしてくれました。

「もし台風や震災などで困っている人がいたら助けてほしい。水が必要な人がいたら、ペットボトルを差し出して上げてほしい。スターバックスの社員である前に人間として正しい判断をしてほしい。私は、必ずその判断を支持します」という私のマネジメントレターの言葉を思い出し、その女性にコーヒーを飲んで心を落ち着けてほしいという一心で、コーヒーを差し出してくれたのではないかと思います。

すごい！と思いました。当の私が、目の前で同じことが起こったとして、果たしてそんなことができるだろうか？　思わず自問してしまいました。

奇跡3　早朝のシナモンロール

もう1通、ある男性からいただいたお手紙を紹介します。

高校生になるその方のお嬢様は、スターバックスの大ファンで、学校帰りには毎日のように都内のある店舗に通っていました。

彼女がスターバックスのファンになった理由は、店頭で売られているシナモンロールが大の好物だったからだけではありません。その店で働くあるパートナーの仕事ぶりにあこがれを抱いてくださっていたそうで、家に帰るとお父様にいつもパートナーの話をし、自分もいつかスターバックスに入って、そのパートナーと一緒に働きたい、という夢を持っていたのです。

しかし彼女は、幼い頃から心臓に病気を抱え、移植の順番を待っている方でした。日本で移植医療が受けにくいことは周知のとおりです。そこで、家族でアメリカに渡ってチャンスをうかがうことを決断しました。

出発の前日、しばらく日本を離れるにあたって、お父様は、日本での最後の食事は何がいいかを尋ねます。すると彼女は、大好きなスターバックスのシナモンロールを食べたい、と言いました。

翌日に日本を発つのは午前の便。早朝に自宅を出発しなければなりません。

ところが彼女は、

「いつものお店の、焼きたてのシナモンロールがいい」

と、〝わがまま〟を口にします。

しかし、自宅を出る時間は、まだ開店前です。お父様はその願いを叶えたい一心で、彼女が通っていたスターバックスに行き、あこがれのパートナーに、無理を承知で頼み込みました。

翌日の早朝。最寄り駅に、焼きたてのシナモンロールと手紙が入った袋を抱えたパートナーが、笑顔で待っていました。

「スターバックスで働きたい」という彼女の夢は、残念ながらかないませんでした。日本に戻ることなく、短い生涯を終えたのです。しかし、異国での闘病生活でも、彼女は決して前向きな気持ちを失うことはなかったと言います。いつかグリーンのエプロンを身につける日がくることを夢見ていたそうです。

お父様は、スターバックスのパートナーの対応のすばらしさを私に伝えてくれただけでなく、こうしたパートナーたちを、ＣＥＯとしてどうか大事にしてほしい、とまでメッセージを添えてくださいました。

私は、こうしたパートナーの行動こそ、求められる最高の接客であると強く思います。常識というものさしを当てれば、営業時間外に、しかも店舗外に商品を持ち出し、金銭の授受をするなどもってのほかです。普通の会社であれば、処罰の対象にすらなってしまうかもしれません。

スターバックスのマニュアルには、どこにも「店の前で交通事故が発生したら、ドライバーにコーヒーをサービスしなさい」なんて書いてありません。「病気の子どもに思いやりを持ちなさい」とも書いていない。すべてはそのパートナー自身が、目の前で起こったことに対して、スターバックスのミッションに則り、行動しただけです。ひとりひとりの心の中にミッションが息づいているからこそ導くことのできる結果です。それが、顧客満足とか、サービスといった言葉を大きく超越した感動を生み出しているのです。

奇跡4 「本場」シアトルの感動接客

次に私自身が経験した話です。

私はスターバックスコーヒージャパンのCEOに就任後、1か月ほどスターバックス創業の地であり、本社のあるシアトルで研修をすることになりました。本社のオフィスに出向いて、いろいろな部署のトップと話したり、シアトルのお店回りをすることがメインでした。

ひとりで来ているので、夜になると時間を持て余してしまいます。シアトルは大都市ですが、東京と比較すれば、夜は格段に早く店が閉まります。そこで、毎晩のように映画館に通いました。

映画館の前にはスターバックスの店舗がありました。ひとりで食べる夕食は、どんなご馳走を食べても味気ないもの。高級レストランへ行くよりも、暖かみのあるスターバックスのお店で、映画までの時間待ちを利用して、簡単に食事をすることにしました。

夜遅いこともあって店内は人気が少なく、さらに寂しい気分になりました。日本に帰ったら絶対にスターバックスで温かい食べ物を開発するよう担当者にお願いしてみようなどと考えていました。私は寂しさもあってパートナーに話しかけたくなりました。

「やあ、私は、日本から来たんだよ。スターバックス・ジャパンから。今、サポートセンターで研修しているんだ」(スターバックスでは本社のことをサポートセンターと呼びます)。

そのパートナーは、40代前半くらいの太った男性。私より少し年下といった風体でした。彼も私のことを「寂しそうに食事をしているアジア系の客」と認識し、気にかけていてくれたようでした。

すると彼（うかつなことですが、どうしても名前が思い出せません）は、

「そうなのか！　じゃあ、今時間があるから、お前にいいものを見せてやるよ。こっちに入って来いよ」

と言って、私を手招きするのです！

カウンターの内側に入ってみると、彼が見せてくれたのは、ぴかぴかのコーヒーマシンでした。そして手際よくコーヒーを1杯淹れて、私に味見をすすめるのです。

「この味は、日本ではまだ経験できないはずだよ。ぜひ飲んで行けよ！」

確かにそれは、日本ではまだ導入されていない最新式の機械でした。1杯ずつ手で淹れるので、ひと味違う深みのある、でも、スムースな味がしました。

「おいしい！」

私が言うと、彼はニコニコして、

「そうだろう？　最新型のマシンだからな！」

と、少し自慢げに教えてくれたのです。お客様が少ないのをいいことに、新機能について熱心にレクチャーしてくれました。

私にとっては、最新型のコーヒーマシンも、香り高いコーヒーの味も、じつは小道具に過ぎません。異国の街で寂しそうにしている人間に、彼がまるで長年の仲間かのように振る舞ってくれ、そしてわざわざ中に招き入れて、楽しそうに教えてくれる。第一、本当に私が日本のスターバックスの人間だと信じて疑わないこと自体が、とてもうれしいではありませんか！

こんなこと、普通のお店で起こるでしょうか？　しかも彼は、店長でも何でもなさそうです。日本で言うアルバイトでした。

私はシアトルの街角で、身を持ってスターバックスという企業の、本質的な部分を知ることができたのです。

奇跡5　クロージング・セレモニー

お客様は、予想外のすごいサービスを経験すると、もはや「スターバックスが好き」という段階を通り越して、愛してくださるようになります。

そして、そんな関係が構築されると、時々お客様から大変な贈り物をしてくださることがあるのです。

これは、あるパートナーから聞いた話です。

スターバックスがいくら売り上げや利益のためにコーヒーを売っているのではないとは言え、どうしても閉店せざるを得ない店舗は出てきてしまいます。

彼がかつて勤務していた店舗にも、「大変残念ではありますが、○月○日で閉店させていただくことになりました。ありがとうございました」という貼り紙が掲示されました。

でも、閉店当日に、店頭で何か特別なセレモニーがあるわけではありません。いつもどおりにお店を開け、いつものようにお客様にコーヒーを手渡し、いつものように閉店する。そして、閉店後に、パートナーが互いをねぎらうだけです。

ところが、夕方を過ぎて閉店の時刻が迫ってくると、いつも通ってくれていたあの人も、あの人も、三々五々、自然とお店に集まってきました。

そして彼らは、最後となるオーダーに、決まって一言パートナーをねぎらう言葉を添えてくれました。

「今まで本当にありがとうございました」
「いいお店だったのに、残念ですね」
「お疲れ様でした。○○さんはこれからどうするの？」

中には、その店舗への想いを語りながら、涙を流して別れを惜しんでくださる方もいたと言います。パートナーも、泣きながらお礼を述べます。その様子を、他のお客様も見守っています。お別れセレモニーがあるわけでもないのに、店内はまさに涙、涙で包まれました。

お客様が、自分が暮らし、働く街にスターバックスがあることに価値を感じ、そんな日常を愛してくださっていたからこそ、心から惜しんでくださる。私にはそう思えるのです。やがてお客様は、パートナーや企業側の「期待を超える」愛情を、真心から示してくださるようにさえなる。本当にすごいことです。

あの店は業績が悪いからクローズしよう。そんな話は、どんな業態でも避けられないことです。しかしこんなお話を聞いてしまうと、経営者としては、自分の力が足りなかったことに申し訳ない気持ちになります。もっとがんばらなければ、という気持ちがわいてくるのです。

お店がブランドの発信源

おそらく読者のみなさんにとって、今ご紹介した5つの話どれもが初耳だったはずです。でも多くの方は、「ああ、スタバなら、確かにそんなことがあっても不思議ではないな」と納得してくださることでしょう。なぜなのでしょうか？

スターバックス自身は、別にこうしたストーリーを宣伝しているわけではありません。しかし、顧客の多くが納得してしまう。その背景には、しっかりとしたミッションを持っているという理由があるからだと私は思います。

こうしたストーリーは、私が知らないだけで、きっと今日もあちらこちらで起きているでしょう。そして、期待を超える感動経験をしたお客様は、家族や友人にスターバックスで起きたことを伝えます。

こうして、おいしいコーヒーやすてきなインテリアなどのハード面だけではできない**「スターバックスでなくてはならない」、「スターバックスでしか味わえない」とお客様に思ってもらえる価値が、広く認識されていくのです。**

スターバックスは、ごくわずかな例外を除いて、日本では広告を打ちません。それでも、お客様自身が口コミでスターバックス伝説を語り合い、確固としたブランドが構築されています。

ミッションを持ち、追求している企業には強いブランド力がある。そしてすてきなのです。彼ら自身は、決して自分がすごいとか、私ってすてきでしょとは言いません。言う必要がない。

私がこのような明確なミッションを持ったブランドが放つ輝きに初めて気づいたのは、じつはスターバックスに来る前のことです。

ボディショップのCEOは入国審査フリーパス!?

私はスターバックスに入る前、イオン系列のイオンフォレストという企業の社長をしていました。日本で自然派化粧品のザ・ボディショップを展開している企業です。ここでの経験は次の章で詳しく述べますが、在職中、ブランドとミッションを考えるうえで忘れられないできごとがありました。

私は社員たちのがんばりに支えられ、伸び悩んでいた日本のザ・ボディショップの業績を再び上向きに転じさせることに成功しました。

ザ・ボディショップはイギリス発祥で、本部はイギリスにあります。イオンフォレストは、イギリス本国のザ・ボディショップからライセンスを受け、日本においてビジネスを展開しているフランチャイジーです。

本部が定期的にフランチャイジーを集めて主宰する会議があります。世界をいくつかの地域に分類し、たとえばアジア太平洋地域であれば、シンガポールのヘッドクオーター（本社）で行われるのが恒例です。

この地域で、ザ・ボディショップが展開されている経済規模がもっとも大きい国は日本です（中国には動物実験の問題から展開していません）。しかし、ずっと日本を凌ぐ売り上げを誇っていた国がありました。

オーストラリアです。

オーストラリアは面積こそ広大ですが、経済規模で言えば日本の5分の1程度。人口は2000万人強しかいないのに、日本よりも売り上げが大きかったのです。これは大変なことです。

オーストラリアのザ・ボディショップのCEOであるグレアムさんは、創業者のアニータ・ロディックとも親しく、本部にも影響力、発言力のある人物でした。アニータが経営から離れたあとは、ある意味で「ザ・ボディショップらしさ」のお目つけ役にもなっていたのです。

フランチャイジー会議では、本部に対して、「それはTHE BODY SHOPらしくない」

といつも異議を唱えていました。私は正直ちょっとうるさい人だなあと感じていました。

私は、あるとき、その会議で日本のビジネスの取り組みについてプレゼンをしました。するとグレアムさんは、感銘を受けてぜひオーストラリアに遊びに来てほしいと熱心に誘ってくれます。私はオーストラリアでザ・ボディショップが受け入れられている理由が知りたくて、視察に出かけました。

ところが、視察する前から、その理由を体感することになります。

空港の入国審査のブースに行くと、えらそうな審査官が、私のことを胡散臭そうに見て、「ネクスト！」と横柄に呼びました。

「日本から来たのか？　何しに来た？　ビジネス？　どこに行くんだ？」

顔も上げずに、訛りの強い英語で矢継ぎ早に聞いてきます。

ところが、私が「ザ・ボディショップに行くんだ。私は日本のザ・ボディショップの人間だ」と言うと、彼の態度が一変します。

「ザ・ボディショップ⁉　知ってるぞ！」

その反応にうれしくなったので、「私は日本のザ・ボディショップのＣＥＯだ」と伝えました。すると彼は感激した様子で、こう言いました。

「おれはあの会社を尊敬しているんだ！　あんた、すごいな！　さあ、通ってくれ！」

そしてポンッとスタンプを押したパスポートを返してくれるのです。私は考え込んでしまいました。もし成田空港で海外のザ・ボディショップの関係者が、自分がザ・ボディショップに勤めているというだけで、入国審査官の態度が一変してこんな対応してくれるのかと。日本でザ・ボディショップのブランドがそこまで広く尊敬の念を持たれているのか？　残念ながらこんなこと、日本ではあり得ません！

オーストラリア人にとって、ザ・ボディショップは、入国審査をフリーパスにさせてしまうほどのブランドだったのです。そこまでさせるには、単にいい物を売っているとか、いいサービスをしているというレベルを超越した何かがあるはずです。

その鍵を握っているのは、創業者のアニータ・ロディック。彼女が帯びているミッションの力とそれを本国イギリス以上に継承しているグレアムさんたち、オーストラリアのザ・ボディショップの人たちが、特別なブランドにしているのです。訪問した店舗や本社も本当に隅々までそのミッションが浸透していました。私は少し天狗になっていた自分自身を恥じました。

日本人にはもともと「感動の接客」が根づいている

感動的な接客で顧客を魅了している企業はミッションを大切にしていることがおわかりいただけたと思うのですが、私は、それは何もスターバックスやザ・ボディショップのような、外資系企業の専売特許ではないと思っています。

むしろ、日本人の中に息づいている「おもてなしの精神」、もっと普遍的に言えば「真心」のようなものはみんな古来持っていると思えてならない。あのディズニーランドだって、アメリカと比べても日本のホスピタリティが一番すばらしいと感じます。オリジナルを超えているのです。

スターバックスも、日本にやって来て独自の進化を遂げ、本国のスターバックスよりクオリティが高い。もちろんアメリカにもすばらしい店舗は多数ありますが、日本のほうがばらつきが少なく平均点では圧倒的に高い。これは断言できます。

日本人の中にもともとあった心。それは、「ホスピタリティ」というだけではちょっと表現しきれない、とても繊細なものです。

「プリクラ」で知られるアトラスという企業で社長をしていたことがあります。この会社はゲームセンターも経営していて、店長を集めた会議を定期的に行っていました。

あるホテルで会議を行ったときのこと。会場は2階にあり、出席者は1階から順次エレベーターで移動するのですが、**エレベーターが常に1階で、ドアを開けた状態で停まっていることに気づきました。**私たちが少しでもストレスなく移動できるよう、心が尽くされていたのです。

そのことへの感謝をホテルの担当者に伝えると、びっくりして、とてもうれしそうでした。なぜなら、ほとんどの利用客はそうした心づかいに気がつかないからです。そのことに気づいたのは、私でふたり目だったそうです。もちろんホテルも、お礼を言われたくてそうしているわけではありません。

こんなちょっとした感動、じつは日本のそこここにあふれています。

私が経験したことだけでも、両手で収まらないくらいの実例があります。少しご紹介します。

感動体験1　MKタクシーの「空気感」

京都発祥のMKタクシーは、乗り降りの際に、運転手さんが運転席から助手席を経由して降りて対応してくれることで有名になったタクシー会社です。私も名前程度は知っていたのですが、実際にとても感動する体験をしたことがあります。

アトラスの社長をしていたときのこと。東京から九州に出張する際、秘書さんが羽田空港までMKタクシーを手配してくれました。

ところが、首都高速は大渋滞。予約した便の出発までそれほど時間があるわけではなく、少し焦っていました。

それを察したのか、運転手さんはMKタクシー本部に渋滞情報や最速のルートをたびたび確認し、その都度、「あと20分もあれば大丈夫です」、「このルートなら、あと5分で着きます」と、こちらが一番知りたい情報をこまめに教えてくれます。これで遅れたら仕方がないと思えるほどベストを尽くしてくれました。

私は、さすがはMKタクシーだと感心し、運転手さんに、「もし今晩の帰りも羽田空港の近くにいたら、乗せてもらえませんか？」とお願いしました。私は帰りの便の時刻を伝え、運転手さんも電話番号を教えてくれました。

しかし、東京に戻る夕方に台風が接近し、航空ダイヤは大混乱。予定の時刻よりも大幅に遅れてしまいました。

それでも私は、羽田に着いて携帯電話の電源を入れると、教えてもらった電話番号にかけていました。もしあの運転手さんが近くにいたら、少しくらい空港で待たされてもいい。そんな気持ちでいたのです。

ところが、電話の向こうから聞こえた運転手さんの返答に、私は言葉を失います。

「岩田様、お帰りなさいませ。今、到着ターミナルでお待ちしております」

私は、飛行機が遅れたことも、そもそも本当に連絡するかどうかもはっきり伝えたわけではありません。それなのに彼は、雨が降る中、ごく当たり前のことのように、空港の外で待っていてくれたのです。

びっくりして駆けつけた私は、何の保証もないのにどうして待っていてくれたのかを尋ねました。

「岩田様は、必ずお電話いただけると思っておりましたので、お待ちしておりました」

それまで、MKタクシーのサービスの評判は聞いていましたが、これはとびきりの経験でした。

感激した私は、「今後できるだけあなたの車に乗りたいので、また連絡します。よろしくお願いします」と頼みました。ところが、彼の返答は、またまた私の想像を超えたものでした。

「私以外の運転手も、みな同じように仕事をいたしますので、どうぞこれからもMKタクシーをご利用ください」

私は何重にも感動し、それ以来機会があれば必ずMKタクシーを利用するようになりました。

感動体験2　日本料理屋の塗箸

東京・九段の靖国神社の近くに、よく名の知られた日本料理店があります。

私が初めてそこで食事をいただいたとき、評判にたがわないすばらしい味わいだったのに、安っぽい割り箸を使用していたことにだけ、少し違和感を覚えました。

そこで帰り際、「お料理をとてもおいしくいただきました。ごちそうさまでした。ただこのお料理に、割り箸ではあまりにもったいないと思います」と、素直に気持ちを伝えました。

しかし次にそのお店を訪れる機会は、3年後までありませんでした。

お店への道すがら、私は、割り箸のことを思い出していました。もちろん私のことなんて覚えているはずはありませんから、今日もまた割り箸でいただくことになるのかな、という思いで、久しぶりに敷居をまたいだのです。

すると私のことを覚えていてくれて、かつ出された箸は塗箸になっているではありませんか！　その店は、3年前の、名乗ってもいない客の顔を覚えていて、私のためだけに塗箸を用意して待っていた、というのです。

感動したのはもちろんなのですが、どうしてそんなことができるのか、驚きでした。

感動体験3　イタリアンレストランのマジック

今度はイタリアンレストランで受けた感動の心づかいをご紹介します。

東京の青山にあるそのレストランは、私がスターバックスのCEO時代、ある方の紹介で、当時ソニー・コンピュータエンタテインメント（SCE）の会長との会食でうかがいました。私が選んだわけではなく、間に立った方が、「味もサービスも申し分ないレストランです」という理由でセッティングしてくださったのです。

果たしてどんなサービスが展開されるのか楽しみでした。3階にあるお店でしたが、1階のエレベーター前に女性が立っていて、私の顔を見るなり「岩田様ですね、お待ち申し上げておりました」と声をかけてきます。

初めて来た店なのに、どうやって私の顔を知ったのか。スターバックスのロゴが入った袋を持っていましたから、それで識別したのかもしれません。いずれにしても、先制パンチを食らった感じでした。

3階のお店に案内されると、テーブルの上には、SCEとスターバックスのロゴが貼られた行灯《あんどん》が、対になって用意されていました。これもまた、細やかな気づかいだと感じました。

楽しく会食は進み、料理もすばらしかった。最後にオーナーが挨拶に来られました。彼は、近所のスターバックスで起きたエピソードを私に教えてくれました。

彼が毎日通っている骨董通りのお店でコーヒーをオーダーし、代金を支払う段になって、財布を忘れてきたことに気づきました。オドオドしていると、その店のパートナーは、何のためらいもなく「次回のご来店時で結構ですよ」と言ってくれたというのです。彼はすっかり感激し、「スターバックスはツケがきく」と、従業員や知り合いに話して回ったと言います。

こんな話を聞かされて、CEOとしてはいい気分にならないはずがありません。まさに心まで満足して、私たちは3階のお店をあとにします。エレベーターに収まると、オーナーをはじめシェフや店員のみなさんが、頭を下げて扉が閉まるまで見送ってくれます。

ところが、びっくりしたのはこのあとです。

十数秒後、1階に降りて扉が開くと、3階にいたはずのオーナー以下の面々が、同じように待っているではありませんか！ そして「雨が降り出しておりますから、この傘をお使いください」と言って、傘を手渡してくれるのです。

これには、ここまでやるか！　という気持ちになりました。そして、驚く私たちを見てニコニコしている彼らは、お客様に感動してもらうことを、心から生きがいにしているのだと感じました。

感動体験4　加賀屋のお見送り

このイタリアンレストランでの経験は、私に石川県の和倉温泉にある「加賀屋」という老舗旅館での思い出を呼び起こさせました。ザ・ボディショップの社長をしていた頃の話です。

加賀屋の大女将は、金沢のザ・ボディショップの長年のお得意様です。私は一度お礼も兼ねて、加賀屋で役員の研修会を開くことにしました。もちろん、噂の接客とはどのようなものなのかを見学する意味も込めて。

到着すると、大女将を筆頭に仲居さんたちが玄関前にずらっと並び、私たちを出迎えてくれます。このスタイルは、加賀屋が先鞭《せんべん》をつけたと言われています。

今後の会社の方向性などを話し合うために来た私たちに、仲居さんがひとりついてくださいました。一体どうやって感動させてくれるのか、とこっそり観察していたのですが、彼女は、私たちにつかず離れず、いるかいないのか一瞬わからなくなるような絶妙なポジションをキープしているのです。まるで空気のようでした。

だれかがトイレに立てば、すっと案内してくれる。何か困ったことはないかと常に観察している。しかし、押しつけがましくない。常にさりげないのです。

夜の食事では、大女将がわざわざ挨拶に来られ、お互いにお礼を述べ合いました。これで、加賀屋の秘密は理解したつもりでした。

でも、クライマックスはこれからでした。

翌朝、駅までタクシーに分乗して帰るときも、仲居さんたちが並んで見送ってくれます。最敬礼をして、車が動き出すと見えなくなるまで手を振ってくれる。

ところが、**ひとりの仲居さんが手を振りながら突然砂利道を小走りし始め、タクシーを追いかけて来るではありませんか！** 私たちを担当してくれた仲居さんでした。

まるで離れ離れになってしまう恋人を見送るかのような、映画のワンシーンのようなできごとでした。

「そんなに走ったら危ない……」と私たちはタクシーの窓に顔をくっつけて彼女を見ていました。そのときの私は、**完全に期待を超えたできごとに圧倒されてしまいました。**「プロが選ぶ日本のホテル・旅館１００選」（全国の旅館業者の中から選定）の総合部門1位として「32年連続」認定・表彰されている一端を垣間見ることができました。

お客様の期待を超えてゆけ！

人々を感動させているのは決してスターバックスだけではなく、まして外資系企業だけでもありません。

お客様に提供されているもの、お客様が評価しているものは、決してコーヒーだけでも、旅館の施設やサービスだけでもない。**心を動かされることそのものに対して、喜んで代金を払っているのです。**

加賀屋の仲居さんはなぜ走るのか。スターバックスのマニュアルに「店の前で交通事故が起きたらコーヒーを振る舞え」と書いていないのと同じように、きっと加賀屋にも厳格なマニュアルなどないと思うのです。

試しに加賀屋のホームページをのぞいてみると、**「お客様にはできませんとは言わない」**と書かれています。スターバックスの「Just Say Yes!」とまったく同じ意味のことが書かれていました。

くつろいでほしい。ゆっくりリラックスしてほしい。そうした、極めてシンプルかつわかりやすいミッションだけが決められていて、その場その場で何をするべきかは、従業員に委ねられている。みんなが自分の頭で、お客様のために今何をすべきかを考えるからこそ、ときに期待を大きく超える感動が生み出されるのです。

お客様を満足させるとか、ニーズを満たすとか、そんな目標では、人々を感動させることはできません。大きな愛を持って、大きく期待を超えていかなければなりません。

日本の接客では、お客様が来れば「いらっしゃいませ」と声をかけるのが常識です。ただお客様は、機械的に、反射的に発声された「いらっしゃいませ」という音と、心から感謝を込めて発した言葉を区別することができます。ドアが開けば自動的に鳴る合成音声の「イラッシャイマセ」という言葉に感動する人など、だれもいません。「よく来てくださいましたね！」という真心が伝わるから、感動するのです。

ミッションがある企業からは、それが伝わってくる。そして、そこで働く人は常に自分がするべき行動をミッションと照らし合わせ、思考し続けています。

企業はだれのために、何のために存在しているのか？

この話を、単に「よいサービスとは何か？」で片づけてしまうのはとても簡単です。でも、私は冒頭でもお断りしたとおり、そんな話をするつもりはありません。

私はよいサービスとは何かを考えていけば、究極的には「企業はだれのために、何のために存在しているのか？」という話にいき着くと考えます。

ビジネススクールや経営学の教科書では、「企業は株主のために存在している」と教えます。

その典型的な立場をとったのが、ノーベル経済学賞を受賞し、マネタリストの祖として知られるミルトン・フリードマンです。フリードマンは、有名な著作『資本主義と自由』の中で、こう説いています。

「市場経済において企業が負うべき社会的責任は、公正かつ自由でオープンな競争を行うというルールを守り、資源を有効活用して利潤追求のための事業活動に専念することだ。

これが、企業に課されたただ一つの社会的責任である。（中略）企業経営者の使命は株主利益の最大化であり、それ以外の社会的責任を引き受ける傾向が強まることほど、自由社会にとって危険なことはない。これは、自由社会の土台を根底から揺るがす現象であり、社会的責任は自由を破壊するものである」

（ミルトン・フリードマン、村井章子・訳『資本主義と自由』日経ＢＰ社）

この教えに従えば、「企業の目的は利益の最大化」ということになります。そしてその利益とは、明確に「株主の利益」と定義されています。

金儲け以外は考えるな。株主以外のことは考えるな。それが本当に正しいのなら、私がご紹介したスターバックスのパートナーたちの行動はすべて認められなくなります。無料でコーヒーを配ってしまうのですから。見方によっては株主価値を毀損していることになります。

もし私たち全員が、フリードマンの説を１００％信じて疑わないのなら、交通事故を起こした人に落ち着いてもらうためにコーヒーを配ったパートナーを叱責しなければならない。でも、実際は多くの人が、それをいい話、心温まるストーリーとして認識し、あるべき企業の姿として尊敬して、喜んでスターバックスに通い続けている。

結果として、スターバックスのブランド価値はますます向上していきます。

このギャップは、どこにあるのでしょうか？

ミッションさえあれば、ビジョンもパッションも自然とわき上がる

じつは私自身、この疑問にたどり着いたのは、ザ・ボディショップの社長になってからのことでした。

私も、アメリカのビジネススクールで、「株主価値最大化の経営」を学んできた人間です。しかし、どうしても当時から、違和感を持たずにはいられませんでした。

このもやもやした思いがはっきりと晴れたのは、ザ・ボディショップの経営に没頭していた、ある日のことでした。


企業は、世の中をよくするためにある。

こうして文字にしてみると、とてもシンプルで、何ということもないように思えるかもしれません。

しかしこの考えは、ある日突然、それこそ空から降ってくるように、大げさに言えば「天の啓示」のように、自分のところに舞い降りてきたのです。

企業は世の中をよくするために存在している。化粧品を作り、コーヒーを売りながら、世の中をよくしているのだ——その考えがスーッとお腹の中に落ちました。


世の中をよくしたいという想いでコーヒーを売っているスターバックスのブランドは、だれも追いつけないレベルにまで高まっています。

経営者にとって大切なことは、ミッション、ビジョン、そしてパッションだとよく言われます。私は、この中でもミッションが重要だと考えています。**ミッションさえしっかりしていれば、よいビジョンが描け、強いパッションは自然とわき上がってくるはずです。**

私にそれを教えてくれたのは、ザ・ボディショップと、心から尊敬する創業者のアニータ・ロディック。その考えを確信に変えてくれたのが、スターバックスだと言えます。

具体的なストーリーを通じてそれを振り返っていきます。

MISS

第2章

ザ・ボディショップとアニータ・ロディック

ION

私の人生を駆り立ててきた原動力は何かと問われれば、
私はいつでも、情熱だと答えます。
私の強い信念は、ビジネスは楽しいものになり得るのであり、
愛と善意の強い力で行えるものだということです。

——アニータ・ロディック

「岩田さん、どこの会社に行きたいですか？」

私に、企業のミッション、そしてひとりの人間としてのミッションを気づかせてくれたザ・ボディショップとの出合いは、今振り返れば、偶然の要素に満ちていました。

私はアトラス、タカラとアミューズメントにかかわる仕事をしたあと、あるヘッドハンティング会社から、イオンの子会社でアミューズメント関係の会社が新しい社長を探しているという連絡をもらいました。

そこで当時イオングループの人事を統括していた専務（以後私のメンターとして大変お世話になった方です）と面談を重ねていたのですが、途中で事情が変わり、その会社の社長には、グループ内の別の人物を充てることになってしまったのです。

幸いにもその方は私のことを気に入ってくださっていたため、「別にゲーム会社でなくてもよいでしょう？　岩田さん、どこの会社に行きたいですか？」と、ありがたいことに改めてイオングループ企業から3つの選択肢を示してくださいました。

・ローラ アシュレイジャパン（衣料品、家具・インテリアのブランド）
・メガスポーツ（スポーツ用品店「スポーツオーソリティ」を展開）
・イオンフォレスト（「ザ・ボディショップ」を展開）

売り上げは、イオンフォレストが圧倒的に小規模でした。ただ、すでに社長の交代が内定しているので、ここならすぐに社長として迎えることができると言われ、即座に行くとお答えしました。

当時の私がこだわったポイントは、「トップとして経営判断を任せてもらえるかどうか」。会社の規模ではありませんでした。現在はタカラトミーとなっているタカラは、合併前でも売り上げ1000億円規模の大企業でしたが、私のポジションは常務。どれだけ事業のスケールが大きくても、最終判断を自分で行えない。タカラは大好きでしたが、ポジションには魅力を感じなくなっていました。

1990年に東京・表参道に日本第1号店を出店したザ・ボディショップは、90年代半ばから後半にかけて高校生を中心にブームとなり、出店数も増えて90億円ほどの売り上げを記録。ただその後は長期間の低迷に入り、2000年以降の売り上げは最盛期の3分の

2の60億円前後で横ばいが続いていました。赤字にこそなってはいなかったものの、利益も1億円台の底ばいで、再浮上のきっかけをなかなかつかめずにいる状態でした。

私は社長としてのポジションにはこだわりましたが、会社の規模や業種についてはあまり気にかけていませんでした。もう一度トップとして会社を率いることに魅力を感じていたのです。

アニータの怒りと「ファイブ・バリューズ」

当時の私は、ザ・ボディショップについては、知識をほとんど持っていませんでした。それどころか、小売業そのものが初めての経験だったのです。

とにかく、まずは世界的なブランドであるザ・ボディショップについて勉強することにしました。早速、創業者アニータ・ロディックの著書『BODY AND SOUL』を取り寄せ、読み始めました。

驚きました。いきなり「美容ビジネスは欺瞞《ぎまん》だ」と始まるこの本に書かれていたのは、端的に言えば社会の現状に対する怒りであり、アニータは自らを経営者ではなく、社会変革のために戦う「アクティビスト」（活動家）であると言ってはばからないのです。

ザ・ボディショップには、

「社会と環境の変革を追及し、事業を行うこと」

'To dedicate our business to the pursuit of social and environmental change.'

というミッションがあります。そのミッションは5つの価値観（ファイブ・バリューズ）から成り立っています。

1 Against Animal Testing（化粧品の動物実験に反対しています）
2 Support Community Fair Trade（コミュニティ・フェアトレードを推進しています）
3 Activate Self Esteem（自分らしさを大切にします）
4 Defend Human Rights（人権を尊重します）
5 Protect Our Planet（環境の保護に努めています）

（ザ・ボディショップ　ホームページより）

たとえば最初のValueは、女性の美のために尊い動物の命が犠牲になるのはおかしい、動物実験に反対する立場をとる、という宣言です。

当時は、化粧品の安全性を確認するために、ウサギの目に化粧品を入れていました。かわいそうなことにウサギは死んでしまいます。

ところがライバル企業は議会に働きかけ、「安全性の面から動物実験を経ていない化粧品を売ってはいけない」という法案を通そうとしました。アニータはまさに怒り狂い、お客様から５００万人以上もの反対署名を集めて議会に突きつけます。**その結果でき上がった法案は、当初とは正反対の、「動物実験を行ってはならない」というものでした。ひとりの女性の怒りが、世の中を変えてしまったのです。**

環境保護も同様です。途上国で森林が焼かれていることに、彼女は直接出向いて抗議し、デモの先頭に立ちます。

ただ反対するだけでなく、アニータは実際に現場で起きていることを見に行きます。生活のために、森を焼かざるを得ない人たちを目にするのです。そして、どうすれば彼らが森を焼かずに生活できるかを考え始めます。その結果がコミュニティ・フェアトレード（支援を必要とする小さなコミュニティと、持続性のある取引関係を築くこと）です。

人権問題についても取り組みました。児童就労、人身売買、臓器売買、家庭内暴力。地球上のあらゆる目を覆いたくなる問題が、アニータの怒りの対象でした。

「自分らしさを大切にする」というのは、アニータの言葉を借りれば、みんながスーパーモデルを目指すのはおかしい、ということです。世界にスーパーモデルと呼ばれる女性は30億人中8人しかいないとして、肥満体のバービー人形を書いたポスターを配布したこともあります。化粧品会社が、女性が常に自分の体に不安を抱くように仕向け、それにつけ込んで販売するのは道徳に反している。みんなコンプレックスを捨て、もっと自分を尊重し、自分らしさを大切にしよう、という主張でした。

ザ・ボディショップも、スターバックス同様あまり宣伝に熱心な企業ではありません。しかし、アニータのラディカル（急進的）な活動をメディアが取り上げ続けたことで、彼女の怒りとミッションに共感するファンがますます増えていきました。ミッションに突き動かされている彼女のビジネスには、嘘がないからです。

ザ・ボディショップは、化粧品を製造販売しているのではなく、化粧品の製造販売を通じて社会変革を行っている企業であり、そこで働く人や、好んで店に足を運ぶ顧客は、社会変革に一緒に取り組んでいる仲間だったのです。

『BODY AND SOUL』の序文に、私が大好きなアニータの言葉があります。

「私の人生を駆り立ててきた原動力は何かと問われれば、私はいつでも、情熱だと答えます。私の強い信念は、ビジネスは楽しいものになり得るのであり、愛と善意の強い力で行えるものだということです。

人生と同じように、ビジネスにおいても、楽しくやっていけるということが私には必要です。働く仲間同士が、家族としての意識を持ち、地域社会に加わり、思いもかけなかったことへのスリルを常に味わっていたいのです。ザ・ボディショップで働く人たちにも、こういった気持ちを持ってもらいたいといつも考えてきました」

（アニータ・ロディック、杉田敏・訳『BODY AND SOUL――ボディショップの挑戦』ジャパンタイムズ）

私は、ザ・ボディショップのミッションに触れ、多くのことを学びました。私は当時すでに絶版となっていたこの『BODY AND SOUL』を、どうしても多くの人に読んでほしいと思い、2000部復刻印刷してもらい、店頭で販売しました。

私がアニータ本人に会い、その魅力に圧倒されただけでなく、さまざまな体験から本だけではわからなかった魅力に心酔したこと、そして突然の悲報に接するのは、もう少しあとのことです。

監視力メラがお迎え

私がイオンフォレストに入社したのは、2005年の2月のことです。

小売業の経験がなかった私は、店舗を実際に歩いてみて、日産時代に見たあの「火花」は、ザ・ボディショップの場合どこで散っているのかを考え始めました。

好みの商品を選び、喜んでお金を支払ってくださったお客様を、笑顔で気持ちよく送り出す瞬間。それこそがザ・ボディショップの火花が散る瞬間なのではないだろうか？

果たして私たちイオンフォレストでは、すべての力が火花の散る瞬間のために向けられているのだろうか？

アニータは「人権を尊重します」と宣言し、日本のザ・ボディショップもそれを掲げています。**ところが私が実際に目にしたのは、お客様に向けられていた監視カメラでした。**

私は小売業の素人です。でも、いや、だからこそ、これには強い違和感がありました。

お客様を感謝とともに送り出す、火花が散る瞬間のためにすべての力を向けなければならないのに、その代わりに監視カメラのレンズを向けている。輝いているのは火花ではなく、赤いLEDランプの鈍い光だったのです。

他にも、さまざまな違和感を覚えました。

お客様の目に触れる場所に放置された商品搬入用の折りたたみコンテナ。ほこりだらけの商品棚。業績悪化により経費削減ばかりが重視され、現場へのフォローも従業員のトレーニングもおざなり。お客様の多い日曜日の午後、月曜に使う会議資料を作るためにバックルームにこもりっぱなしの店長たち。

「おかしい！」

そう思わずにはいられませんでした。

ところが、ひとりひとりに話を聞いてみると、決してアニータのミッションを忘れているわけではないのです。彼女たち（ほとんどのスタッフは女性です）の多くはアニータの理念に共鳴していて、何よりザ・ボディショップの商品のファンでした。

多くの人が、ザ・ボディショップは大好きだけれど、イオンフォレストは好きになれない、と辞めていったそうです。

結果として、**アルバイトまで含めた離職率は22％を超える**という、ミッションの追求どころではない状況に陥っていました。

7つのお願い

社長就任前、お店を訪問したり、スタッフの人たちと話し合って感じた素直な気持ちを、「7つのお願い」としてみなさんに伝えました。

1 一緒に働ける縁を大切にしましょう。
2 ともに人間成長しましょう。
3 社長が交代しても具体的な行動を起こさなければ何も変わらない。「ひとりひとりが変革に参画する」気持ちで、会社をよくしていきましょう。
4 社長ではなく、現場を見て仕事をしましょう。現場重視・小売の原点に戻って仕事を振り返りましょう。

5 自分の大切な友人を自宅に招く気持ちで接客しましょう。

6 Back to the Basics　創業の原点に戻り、ファイブ・バリューズを大切にしましょう。常にフィードバックシステム（PDCAサイクル）を仕事に取り込みましょう。

7 ブランドは「お約束」。ザ・ボディショップが目指すブランドにすべての仕事が有機的につながるよう、細部にこだわりましょう。

最初に、世の中に何十万、何百万という企業がある中で、今この瞬間、同じ会社で働いていることを、縁として互いに大切にしよう、お互い仲よくしようとお願いしました。社内同志での中傷を耳にしたからです。

まず本社で社員を集め、「7つのお願い」についてひとつひとつ話をすると、涙を流し始める人もいました。

各地の店長さんにも集まってもらい、私が出向いて直接説明を行いました。火花が輝くのは店頭なのですから、まずは店長さんたちに理解してもらわないことには、何も変わりません。

彼氏を迎えるようにお客様を迎える

7つのお願いの5番目は、大切な友人を自宅に招く気持ちで接客してほしい、というもの。スタッフのほとんどは女性ですから、彼氏に置き換えて考えてみてほしい、とお話しました。

もしこれから彼氏が自宅にやって来るとしたら、何をしますか？　散らかっているものを片づけ、掃除機をかけるのでは？　照明に凝ってみたり、玄関にはすてきなお香を焚いてみたりするはずでは？

同時に、愛する恋人が、自分の家から何かものを盗むことを疑う彼女なんているのか、ちょっと考えてみればわかるはずです。

小売業には、残念ながら万引きがつき物と言わざるを得ません。私の記憶では、当時のザ・ボディショップのロス率（万引き被害額÷売り上げ）は4％。100万円の売り上げに対して4万円の商品が盗まれていました。

それでも、同じようにアニータのミッションに共感を持ち、ザ・ボディショップの商品を愛してくださるお客様に、監視カメラを向けることに違和感を覚えました。お客様を疑うなんて！

とにかく、監視カメラは外そう、お客様を疑うのはやめよう、と訴えました。もちろん、強い懸念が社内にありましたが、物理的に取り外せないところ以外はほぼ全店撤去しました。

私は「お客様を友人と接するように迎えましょう」とお願いしました。にもかかわらず、お客様を疑う監視カメラがお店にはある。言っていることとやっていることを一致させようと思いました。自分たちの理念を守るために、もし万引き率が上がっても仕方がないと腹をくくったのです。

ところが、**カメラを外したあと、逆に万引き率は下がりました。カメラを取り外す代わり、店員さんたちがお客様に目を配り、声をかけて接客を丁寧に行うことによって、万引き被害を減らせたのです。**

あるフランチャイズのお店には、監視カメラを撤去しないどころか、お店のスタッフたちが休憩したり打ち合わせしたりするバックルームにまで、監視カメラが取りつけられていました。フランチャイズなので強制力がなく非常に残念でしたが、お店のスタッフと経営者が信頼関係を構築できないのでは、根本的に店舗運営はうまくいかないだろうととても悲しい思いをしました。

社員を大事にしない企業はミッションを実現できない

会社のミッションをいかに浸透させるか、そして個人のミッションをいかに構築していけばよいのか。ここから、スターバックスなどの事例とともにそのヒントをご紹介していきます。

まず、ここで1点だけ明確にしておきたいことがあります。それは、**社員を大切にしない企業は、けっしてブランドには成り得ないし、ミッションの実現はできない**、ということです。

私が社長を務めた4年の間に、ザ・ボディショップは売り上げを大きく伸ばすことができました。掲げた目標は、就任当初67億円だった売り上げを、150億円にすること。私が退任した2008年度の売り上げは138億円で、150億円には届きませんでしたが、リーマン・ショックと世界的な金融の混乱の影響を受けなければ、おそらく達成できていたはずです。

利益については、約5倍にすることができました。店舗数も約100店から170店にまで拡大することができました。

こうした目に見える経営成績よりも、私にとって何よりうれしいことがありました。まずは、**離職率の大幅な低下**。就任当初22％だった離職率は、教育や待遇改善に力を入れ人材の定着を図った効果が大きく出て、2007年には2％にまで、劇的に下がったのです。

衛生要因である待遇改善をある程度までやることで、社員たちは自分がその会社で成長している実感を持つことができ、結果的に離職率を大きく下げることができました。離職率が高いと教育投資をしてもすぐ辞めてしまうので、投資ができなくなってしまいます。まさしく鶏と卵の関係で、教育投資をする→定着率が高まる→さらに教育投資ができる、という好循環が回り出しました。

もっとうれしかったことは、**従業員の満足度が格段に上がった**ことです。外部のコンサルタント会社を使って就任直後から毎年実施していた従業員の満足度調査。就任直後には、コンサルタントから、このような調査を800社行ってきたがこんなに満足度の低い会社は初めてだ、と言われました。それが1年後、職場満足度、上司満足度、仕事満足度、会社満足度のいずれもが大きく上昇しました。「わずか1年でこんなに満足度が上がった会社を見たのも初めてだ」とも言われました。

従業員の満足度については、忘れられない思い出があります。

社長に就任した当初、四国地区の店長さんたちに集まってもらい、「7つのお願い」を説いていたときのこと。

私は7つの中身をひとつひとつ説明し、みなさんのために会社を変えていくとお話ししました。質疑応答の時間になると、最前列で聞いていたひとりの店長さんが、すっと手を挙げて発言しました。

「イオンフォレストは、今まで変わる、変わると言いながら、何ひとつ変わってこなかった。今度こそ、本当に変わるのでしょうね?」

彼女の表情は真剣そのもので、強い怒りが感じられました。

業績が悪かったこともあるでしょう。みんなアニータが大好きで、ザ・ボディショップに入ってきたのに、イメージしていた会社と違う。創業当時に入った人は、昔はよかったと懐かしむだけ。

私は社長になったばかりですから、返事に詰まってしまいました。「がんばって会社を変えていきますから、しっかり見ていてほしい」と言うより他に、ありませんでした。

ほどなくして彼女は結婚し、お子さんができて産休・育休に入りました。

彼女が最前列で発言をしてから2年近く経った頃、同じ街のショッピングセンターに、新しいザ・ボディショップが開店しました。オープンの朝礼のために私が現地に向かうと、そのモールの中で彼女にばったり会いました。わざわざベビーカーを押してオープンを祝いに来てくれたのです。

「お元気ですか？　……イオンフォレストは変わりましたか？」

私が尋ねると、彼女はその場で、声を押し殺して泣き出しました。そして、

「はい。変わりました」

と言ってくれました。この2年間会社やお店が変わっていく姿をずっと見ていてくれたのです。

私には、自分がしてきたことは間違っていなかったんだ、という大きな安堵感がありました。業績の回復にともなって、単に給料やボーナスを増やしただけでなく、教育や研修の充実を図りました。研修には一流の接客を体験してもらうように、舞浜のディズニーホテルを使うようにしたし、店内と同時にバックルームもきれいに整備しました。ボランティアなどの社会貢献活動（バリューズ活動）に、就業時間内で月3時間、社員以外にも契約社員、一定基準を満たしたアルバイト全員が参加できるようにしました。老人ホームを訪問してお年寄りにメイクをしたり、ベッドシーツ交換のボランティアをしたり。これをやりたくてみんなザ・ボディショップに入ってきていました。

それは、**アニータのミッションに惹かれて集まった社員たちの、誇りを取り戻すためのプロセスだった**のです。

社員たちがある程度待遇や報酬面で満たされると、そのあとは、**社員たち自身が成長していることを実感できているかどうかが、とても大切になることを実感しました。**

素顔のアニータ・ロディック

私が、ザ・ボディショップから得たものは計り知れません。その中でも大切な思い出として心に刻まれているのは、創業者であるアニータ・ロディックとの出会いでした。

2005年秋、私が社長に就任して半年が経過した頃のこと。アニータは、ザ・ボディショップの日本進出15周年のお祝いと、日本で行われる家庭内暴力（DV）根絶のためのキャンペーン「ストップ・バイオレンス・イン・ザ・ホーム」のキックオフ・ミーティングに出席するために来日しました。私は3日間彼女と一緒に過ごしました。

私は彼女の魅力を十分知っていたつもりでしたが、一方で気難しいとか、激情家という評価があることも聞いていました。

彼女と初めて面会したのは、東京・赤坂見附のエクセル東急にある「NINJA AKASAKA」という、ちょっと変わったレストランバーでした。ここは忍者屋敷をモチーフにしていて、忍者に扮した店員がマジックまで見せてくれる、まるでテーマパークのようなお店です。英語を話せる店員も多いので、外国人の接待向きのお店としてよく知られています。

アニータの第一印象は、一言で言うと無邪気な子どもそのものでした。ちょっとしたテーブルマジックを、子どものような表情でのぞきこむ。どうしてもタネがわからないと言って悔しがる。ちょっと貸してみなさいよ、とわがままを言ってみる。気難しくもなければ、激情家でもない。私よりずっと歳上で、世界的な有名人、偉大な経営者なのに、かわいいと思わずにはいられない女性だったのです。

翌日の午前は、イオン本社で、名誉会長、社長と面談するスケジュールが組まれていました。

朝、私がホテルに迎えに行くと、彼女は落ち着かない様子でした。

「ねえマツオ、私、ミスター・オカダにどんな話をしたらいいのかしら?」

どんな話も何もありません。別に交渉をするわけでも、クレームをつけに行くわけでもなく、表敬訪問なのですから。

日本最大のスーパーのトップに会うことで、アニータは、少なからず身構えていたのでした。

私は、「リラックスして、15年前の思い出とか、最近感じたこととか、いつもしている話をしてくれれば大丈夫だよ」と伝えました。

面談後のエレベーターの中で、彼女は、ホッとして、私にウインクをしてくれました。

彼女はフォーマルな雰囲気がとても苦手だったのです。

大阪名物！　巨大ガニと24アワー・ドラマー

アニータはとにかくチャーミングで、お茶目。

そして「気配りのできる人」でした。

来日中、ザ・ボディショップのフランチャイズ店を経営しているオーナーたちとの懇親パーティーが行われました。オーナーたちもみんな彼女の大ファン。本人に会えるのを楽しみにしています。

私が驚いたのは、彼女自身がそれをよく理解していたことです。

彼女は、各テーブルを回る前に、こっそり私に聞いてきます。

「マツオ、あの人は誰？　指を差さずに教えて」
「彼は、北海道で4店舗経営していただいている、とても大切なオーナーさんだよ」
「わかった！」

そして、自らそのオーナーさんのテーブルに行って、まるで昔からの友人のように彼に接します。握手して、写真を撮って、サインをする。スターであり、エンターテイナーなのです。

オーナーさんたちにとっては、アニータは神様のような存在。それをわかっているからこそ、彼女は細やかな気配りを欠かしません。

いろいろなミーティングは大阪でも行われることになっていて、私たちは新幹線で向かいました。その頃にはもうすっかり打ち解け、バカみたいな冗談ばかり言い合う仲になっていました。

「アニータ、大阪に行ったら絶対に連れて行きたいところが2か所あるんだ」
「どこ？」

「まずは、5メートルぐらいある、でっかいカニがいるところ。すごいだろう？　あと、24時間ドラムを叩き続けている、ドラマーのところだよ」

スケジュールは分刻み、極めてタイトだったのですが、私は運転手さんに無理を言って、移動の途中道頓堀橋につけてもらいました。

クルマから下りると、私はアニータの手をつかんで、一緒に走って行き「ほら！」と「かに道楽」の踊るカニを見せました。次に手を引っ張って連れて行ったのは「くいだおれ太郎」。

「どうだ！　これが24アワー・ドラマーだ！」

自慢げな私に向かって、アニータは呆れ、ちょっと怒ってさえいました。

「いったい何なのよ、これは‼」

クルマに戻ったアニータは、

「世界中でいろいろな社長に会ってきたけれど、みんなが私に見せてくるのはビッシリ並んだ数字よ。カニとかドラマーとか、こんなしょうもないものを見せるのは、マツオ、あなただけ!」

そう言いながら、彼女は笑っていました。

そして今度イギリスに来るときには、必ず自分の家に泊まるように誘ってくれました。夫で共同創業者のゴードン・ロディック(ホームレスの社会復帰支援で知られる「ビッグイシュー」の創業者でもある)にも紹介したい、あなたも彼のことを絶対気に入るから、と言ってくれたのです。

私はまだ社長になって間もなく、実績を上げるところまではいっていなかったのですが、彼女は私をイギリスの本社の取締役会で褒めてくれたそうです。「マツオはとてもよくやっている」と。

ロンドン・デート

その翌年、2006年の3月に、私はイギリスのザ・ボディショップ本社に赴いて、日本におけるビジネスプランの説明をすることになりました。

私は事前にアニータにメールを送り、自宅に泊まらせてもらう約束をしました。

本社でのプレゼンテーションを終え、社長をはじめとする幹部からお褒めのコメントをもらいました。ところが、アニータの自宅に移動しようとすると、申し訳ないがキャンセルしたいとの連絡が入ったのです。その代わり明日ロンドンのザ・ボディショップの店舗を案内したい、という申し出がありました。

アニータも忙しいのだから、残念だけど仕方がない。私はその晩、急遽手配したホテルに泊まることになります。

翌日、アニータは約束どおりロンドンの店舗を案内するために、私の前に現れました。

アニータは恋人同士がまるでデートでもしているかのように、ニコニコして私を案内してくれました。小さな体をぴったり寄せて、腕を組んで。

ところが、店舗に入ると彼女は一変します。私のことなんて上の空。棚に目を配り、商品が汚れていないか、きれいに並んでいるかをチェックし始める。そして店員たちに気づいた点をアドバイスするのです。その姿は、真剣そのものでした。

アニータに対しては、気まぐれ、激情家という評価もあります。私自身はついにそういう彼女を目の当たりにすることはなかったのですが、店舗作りに対する真剣な表情を横で見ていて、確かにここでまじめにやっていない人間を見かけたら、「即刻クビ」と言いかねないと思いました。

でも、お茶目な面もけっして消えたわけではありません。

店員たちはみんなアニータのことをよく知っていたのですが、その日最後に訪れた店では、若い店員が、アニータをアニータと認識せずに、一所懸命接客し始めました。おすすめの商品の特徴を説明し、彼女の手をとってデモまで始めたのです。

接客されているアニータも、周りの店員も笑っているので、本人もおかしいと思い始めたとき、だれかが「彼女は、あのアニータだよ！」と教えてあげました。

本人はびっくり仰天。そこでアニータはすかさず、「ねえ店長、彼女の給料を上げてあげて! だってほら、こんなに一所懸命やっているじゃない⁉」とジョークを飛ばして、みんなを笑わせていました。

その日の夜中、ホテルで時差ボケで眠れずお風呂に入っていると、日本から突然電話がかかってきました。**「ザ・ボディショップ本社がロレアルに買収されるとフィナンシャル・タイムズが報じている」**という一報でした。

じつはその前から、噂はちらほらと聞こえていました。アニータとロンドン散策中に「ロレアルに買収される噂があるけど、本当?」と聞くと、「そんなことはあり得ないよ。ロレアルの会長と食事をしたんだけど、彼はザ・ボディショップをとてもリスペクトしていたよ。もしロレアルに買収されたらされたでよいんじゃない? だってフェアトレードの額がロレアルも加われば一気に7倍になるから」と彼女は答えました。

それが、現実のものとなったのです。ザ・ボディショップ、そしてアニータにとって、極めて大きな決断です。そうか、だから彼女は私を泊めている場合ではなかったのかと納得しました。ロレアルへの売却には、大きな批判がありました。アニータが反対していた動物実験を続けている企業でしたし、かつて不買運動の対象となっていたネスレ社が株主に名を連ねてもいたからです。

そもそもアニータは、経営者としての自分の能力の限界をよくわかっていました。会社の成長にともなって、品質の統一や、商品の供給が重要な問題となってきます。しかし、彼女はそういうことがどうしても不得手だったのです。株式を上場したことも、半ば後悔しているようでした。

一度経営が傾いたことで、社長の座はアメリカでザ・ボディショップを展開しているフランチャイジーの経営者に譲り、アニータ自身は創業者として一線を退き、ある意味では会社の象徴としての立場にありました。今回の買収は、いよいよその立場も離れる、ということを意味していました。おそらく、ロレアルがザ・ボディショップにかかわる限り、元からあるファイブ・バリューズを尊重してくれるだろうと信じて。

突然の別れ

アニータとの思い出は尽きません。偉大なくせにお茶目で、独創的でプロ意識のかたまりなのにチャーミング、戦うアクティビストにしてイタズラ好きの少女。私は彼女が大好きで、次に会えるのが楽しみで仕方がありませんでした。

2007年の秋も、アニータは来日する予定になっていました。すでに予定も決まり、あとは到着を待つばかり、という段になって、突然、本当に突然、彼女の急逝が告げられます。脳内出血、64歳の生涯でした。私は最初アニータがまた冗談を言ってきたのかと思ったほどでした。

数か月後、イギリスでのお別れ会の案内状が、イオン本社の社長のもとに届けられましたが、日本のザ・ボディショップの責任者であり、アニータとも親しかった私が、日本を代表して参加することになりました。

世界中を旅して古来その土地土地で言い伝えられた化粧法を学び、社会問題を発見し、弱い人を助け、強者に恐れず立ち向かったアニータ。そんな彼女のお葬式らしく、世界中からさまざまな民族衣装をまとった人たちが急逝を惜しみに集まり、歌い、踊るセレモニー。にぎやかでエネルギッシュだった彼女を偲ぶのにぴったりでした。

意外だったのは、まるで日本のように、提灯行列をすることでした。夜のロンドンの街を、参列者がそれぞれ提灯を持って、楽団や中国の龍などと一緒に練り歩くのです。

私は日本を代表して葬儀に参列するにあたり、大切なものを託されていました。

それは、ザ・ボディショップの営業責任者から預かった、4メートル四方はあるかという大きなキルトでした。各地の店長さんやスタッフたちが、アニータに対する自分の想いを綴り、それを1枚につなぎ合わせたものです。私はキルトを大切にキャリーバッグに入れて、みんなの想いとともに行進しました。

アニータの家族に確実にキルトを渡したくて、私はイギリス本社の社長に託します。本社の人たちは驚き、感激して、しばらく玄関に展示していました。

アニータに魅了された人たちの気持ちは、まさにつながっていたのです。

アニータ100人計画

話を、ビジネスに戻しましょう。

アニータ・ロディックという情熱のかたまりのような人にすっかり魅了されてしまった私は、あるスローガンを思いつきました。

「アニータ100人計画」です。

アニータのように、楽しく、情熱を持って、大切な友人のようにお客様に接する。そんな店長さんがたとえば100人いれば、日本のボディショップは必ず再生できる。

同時に、それまではあまり注力してこなかった新卒の採用に本腰を入れました。大々的に募集をかけ、会社説明会を初めて開催して、ザ・ボディショップのミッションや、こちらの望む人材像を説明しながら、じっくり時間をかけて採用を行うのです。

就職情報サイトを使うと、1万8000人ものエントリーがありました。その中から選んだ約800人と面接し、50人ほどにまで絞られた最終面接では、私自身も直接選考に加わり、内定者を決めました。

結論から言えば、極めて優秀な人材を集めることができました。

私は、自分が社長でいる間に結果を出してもらおうとして新卒採用したわけではありません。10年後、20年後のザ・ボディショップを引っ張ってくれる人が育ってくれればいい。木を植えるような感覚でいました。

しかし、うれしい誤算が起こります。彼女たちは1年目、2年目で早くも頭角を現し、3年目で先輩と肩を並べ、店長を任せられる人さえ出てきたのです。すばらしい急成長ぶりでした。

そのがんばりが、もともといた社員たちも活性化させます。まさに「アニータ100人計画」はうまく機能し始めたのです。

新卒で採用された人の多くはアニータに心酔し、またアニータの掲げたミッションをよく理解している人。

ミッションのある企業には、お客様だけでなく、よい人材も吸い寄せられる。その結果として、企業のミッションは、ＤＮＡに組み込まれていくのです。

ボディショップの面接でスターバックスへの愛を語り出す学生たち

新卒者の最終面接を行うようになって、ひとつの奇妙な現象に気づきました。

それは、「学生時代どんなアルバイトをしていましたか？」という質問に対して、「スターバックスで働いていました」と返答する学生が、とても多かったことです。ひとりやふたりではないのです。

そして、「そこではどんな経験をしましたか？」と質問を続けると、いかにスターバックスがすばらしいか、スターバックスのミッションとは、スターバックスはここが違う……と、それこそ延々と話を続けるのです。ザ・ボディショップの面接なのに……。

最終面接まで残ったということは、１万８０００人のエントリーの中から選ばれた50

人。その中に、スターバックスへの「愛」にも似た気持ちを語る人が何人もいる。

若い人に、これだけ情熱的に語らせるスターバックスという会社は、いったいどんな教育をしているのか、どんな秘密があるのか。私はとても興味がわき、人事の担当社員に、スターバックスを徹底的に調べるよう指示をしました。

スターバックスはブランドを守るために、あまり情報を表に出さない企業です。結局、私がザ・ボディショップにいる間は、情報はあまり得られませんでした。

ただ、スターバックスという会社は社員を惹きつける何か秘密を持っている、という強い印象が残りました。

私がボディショップを辞めた理由

私が、ほぼ一貫して右肩上がりの成績を収めたと胸を張れるザ・ボディショップを辞めた大きな理由は、達成感です。

売り上げの目標を150億円に設定したのは、就任当初、「日本におけるザ・ボディショップの可能性は、どのくらいあるのか?」という私の最初の質問に対して、イオンフォレストの経営企画室のスタッフが、世界各国でのザ・ボディショップのシェアや、人口、商圏などからはじき出した出店可能店舗数などを考えると、およそ140億円だと答えたからです。キリをよくするため、そこに「気合いの10億」を上乗せして、3〜5年後に150億円を達成すると設定し、ビジネスプランを組んでいったのでした。

2008年度には138億円と、ほぼ当初の目標どおりになりました。リーマン・ショックがあって急速に成長が鈍ってしまったのは残念でしたが、私にはやるべきことをできた、結果を出せたという大きな達成感がありました。

就任当初は険悪だったイギリス本社との関係も大きく改善し、本社の社長からは、

「ザ・ボディショップ・ジャパンの最大のリスクはあなたが辞めることだ」

という言葉までもらいました。

ただ一方で、彼らは「4年で売り上げを倍にできたのだから、もう一度できるだろう。300億円にしてくれないか?」と言い始めたのです。その、数字だけを見ているかのような発想に、私は少し違和感を覚えました。ザ・ボディショップはそんなに売り上げ、売

り上げと騒ぐ会社じゃないと感じました。また、私をつなぎ止めるために、本社が直接、ザ・ボディショップ株のストック・オプションを与える用意がある、とまで打診してきましたが、信義上大きな問題があり、即座に断りました。

経営者にとって大事なパッションが、達成感に包まれて、薄れていることを自覚しました。新しい道に進むいい潮どきなのかもしれない。今度は、もう少し規模の大きな企業で、お客様と触れ合う現場のある業態で、そしてより社会的責任の大きい上場企業の経営にチャレンジしてみたい。

まさか、次のチャレンジがスターバックスになるなんて！

私は、ザ・ボディショップで一緒にがんばってきた仲間たちも、なぜか「スターバックス」であれば、快く送り出してくれる気がしたのです。

MISS

第 3 章

スターバックスは コーヒーを 売っているのではない

ION

成功を金銭で測ることはできない。
どのように人生の旅をし、
人間としてどれだけ成長したかが問われるのだ。

——ハワード・シュルツ

「スターバックスが社長を探している」

次の挑戦先を模索していた私に、ヘッドハンティング会社はいろいろな魅力ある企業、ポストを紹介してくれました。

その中のひとつとして、スターバックスコーヒージャパンがCEOを探している、という話がありました。

ザ・ボディショップの面接で、学生たちに放っておけばいつまでも愛を語らせ続ける、あのスターバックス。その秘密を探らせてはみたけれど、結局大切なことは何ひとつとしてわからないままでした。

すでに上場していて、当時の売り上げは800億円台と、イオンフォレストの6倍ほどの規模。もちろん店舗という現場がたくさんある。まさに私が探している条件にぴったりだったのです！

私はヘッドハンターに会った帰り道に近くの本屋に駆け込んで、スターバックスのカリスマ経営者、ハワード・シュルツの著書『スターバックス成功物語』（日経BP社）を読み始めました。

すると、すぐにスターバックスが掲げているミッションステートメントに目を奪われました。


人々の心を豊かで活力あるものにするために――

ひとりのお客様、１杯のコーヒー、そしてひとつのコミュニティから

なんてすてきなミッションだろう。

ハワード・シュルツが、人を大切にしていると述べていること、そして自分の失敗（典型的なのはフラペチーノの導入に反対したこと）を失敗と素直に認めていることも書かれており、経営者として強い共感と好感を覚えました。

ぜひスターバックスの仲間に加わりたい。半年ほどかけてスターバックスコーヒージャパンや、アジアを統括している香港の責任者との面接を経て、アメリカ・シアトルのスターバックス本社で各部門を統括している責任者たち、最終的には、ハワード・シュルツに直接会うことになりました。

あとから聞いた話ですが、当初は20〜30人の候補者がいて、香港に渡ったのは私と、外国人の2人。シアトルでハワードの最終面接を受けたのは、私だけだったそうです。

つまり、私のシアトル行きは、じつのところは最終面接というよりは最終確認だったわけです。

もちろん当時、そんな事情は知りません。スターバックスの生まれたシアトルは、豊かな緑と海がとても美しい街です。ハワードにいったい何を聞かれるのか想像し、シアトルに向かう間も、現地に着いてからも、ワクワク・ドキドキしていたことを覚えています。

ハワード・シュルツの最終面接

秘書の控えているブースを過ぎてハワードの部屋に入ると、そこはゆったり4人がかけられる大きさの応接セットと、やや大きめの執務机、そして扉のすぐ左にキャビネットがあるだけの、シンプルな空間でした。一面がすべて窓で占められていて、眺めこそなかなかよかったのですが、世界的な経営者の部屋と言えどもそんなに広くない。そんな印象を持ちました。

キャビネットにはいろいろなものが置かれていましたが、当時シアトル・マリナーズのスーパースターだったイチロー選手のグローブが飾ってあるのを、元・野球少年である私が見逃すわけにはいきませんでした。ハワード・シュルツはイチロー選手と仲のよい友人なのです。余談ですが、マリナーズの本拠地セーフコフィールドのライト側にはスターバックスの特別室があり、試合を観ながらパーティーができるようになっています。

ハワードは立ち上がって私を迎えてくれました。彼は、いつも白いシャツを着ています。それは言わばトレードマークで、下はデニム。シャツをアウトしていて、ラフなスタイルでした。

「やあ、よく来たね！」

握手をした彼はニコニコしていて、大半のアメリカ人のエグゼクティブはそういうものだと知っている私の目にも、とてもフレンドリーに映りました。

ソファをすすめられて、私が自己紹介し、イチロー選手のグローブの話をして、何だかんだと30分ほど話をしたはずなのですが、緊張していたのか、ふたつの質問以外は何も覚えていません。

逆に言えば、ふたつの質問が、よほど私にとって印象的だったのでしょう。

「あなたは今まで日本のザ・ボディショップで実績を出してきたのに、どうして辞めるんだ？　なぜスターバックスなんだ？」

それに対して私は「ザ・ボディショップでの自分の目標は達成できたので、さらに大きなチャレンジをしたかった」という趣旨の回答をしました。しかし、彼には、もうひとつ腑《ふ》に落ちない様子でした。

「で、あなたは、スターバックスに何をもたらしてくれるんだ？」

「自分には、商売の感覚があると思う。ザ・ボディショップでも売り上げを2倍にしたし、アトラスという企業も再生した。ビジネスのセンスは……」

この「感覚」という言葉は、びっくりするくらい彼の心に響いたようです。途中で私の言葉を遮り、彼と私との間にあるテーブルに身を乗り出して、指を鳴らすようなかっこをしながら、こう言ったのです。

「なあマツオ。何かそれ、わかるよ！　それって、商売の〝スメル〟（匂い）のことだろう？」

ああ、私の感覚が通じた！　私はとてもうれしくなりました。

「そうそう！」

「すごくわかるよ！　それ。匂いがわかるんだろ？」

私は、この瞬間に合格を確信しました。強い直感力を持つハワードにとっては、「匂い」こそが、彼の火花の散る瞬間だったのかもしれません。

私の新しいチャレンジは、ここから始まりました。

ブランド復活に向けて

私がスターバックスコーヒージャパンの新しいCEOに就任したときは、業績が厳しくなりつつある状態でした。

毎月、前年同月比100%をクリアしていた既存店の売上高が、私が社長になる1年ほど前、2008年の2月から、恒常的に下回るようになってしまったのです。とは言え、就任当初の私はまずはじっくり現状を見てみようと思っていました。こんなすばらしいミッションを持った会社を変にいじって台なしにしてはいけないと考えていたのです。

一方で、私自身の中では、取り組むべきことはすでに決まっていました。

スターバックスのミッションを再確認し、原点に立ち戻る。

スターバックスコーヒージャパンはもともとすばらしい会社です。多くのパートナーたちは、ミッション実現のために一所懸命取り組んでいました。

ただ、売り上げの前年同月割れが続いていることで、サポートセンター（東京の本社）には確実に焦りが存在していました。「岩田さんは、今の厳しい現状が何もわかっていない」そんな声も聞こえてきます。シアトル本社からも売り上げ回復への強いプレッシャーがありました。

スターバックスが特別である理由。スターバックスと「スターバックスのような店」が明確に区別されている理由は、私が最初にハワード・シュルツの著書で知ったミッション教育が、しっかりなされていることです。

人々の心を豊かで活力あるものにするためにコーヒーを売っている。つまり、コーヒーが手段で、人々の心の豊かさ、活力が目的。

まず、私が最初に掲げたのは、「百年後も光り輝くブランドにする」というビジョンでした。

ハワード・シュルツと並んで今日のスターバックスを築き上げた人物であり、私が心から尊敬するもうひとりのハワード、ハワード・ビーハーには、『スターバックスを世界一にするために守り続けてきた大切な原則』（日本経済新聞出版社）という著書があります

(この邦題は私の好みではないのですが)。

原題はこうです。

『IT'S NOT ABOUT THE COFFEE.』

この本はコーヒーについてではない。


この本は、スターバックスに興味がある方ならぜひ一読されることをおすすめします。

要するに、**スターバックスはたまたまコーヒーを扱っているだけであって、目指しているのはコーヒー・ビジネスではなく、「ピープル・ビジネス」なのだ**ということです。

まずコーヒーがあって人々の心を豊かに、活力のあるものにしているというのと、人々の心を豊かに、活力のあるものにしたくて、紅茶でもピザでもおにぎりでもよかったけれど、たまたまコーヒーを通じてやっているだけだというのとでは、似ているようでまったく違います。

だからこそ、おいしいコーヒーの作り方と合わせてミッション教育を徹底的に行うことを大切にしてきたのです。

Just Say Yes!

スターバックスのブランドコンセプトのひとつに、「サードプレイス」という言葉があることはよく知られています。

サードプレイス、第三の場所。ハワード・シュルツは、

「自宅と職場の間にあり、公共性と個人性を併せ持つ環境。他のだれかとつながり、自分自身を再発見する場」

と定義し、スターバックスでは、それを支えている要素は3つあるとしています。

1 コーヒーのおいしさ
2 快適な店舗環境
3 パートナーたちのすてきな笑顔

これらのそれぞれで一流を目指すことが大切だ、というのです。

とてもシンプルでわかりやすいのですが、**私自身は、スターバックスの差別化要因は、3番目の「パートナーたちのすてきな笑顔」だと思っています。**

おいしいコーヒーは、高級なコーヒー豆を買って来て、高価な機械で手順とタイミングを間違えなければ、だれでも作れるものです。

スターバックスの店舗デザインは1店舗1店舗工夫されていて確かに評価が高いのですが、お金をかけていいデザイナーを雇ってイタリアあたりから家具を取り寄せてしまえば、ある意味簡単にスターバックス以上の環境を作れてしまう。

しかし、一朝一夕に真似できないのが、パートナーたちの笑顔に象徴される、あの心のこもった接客なのです。

スターバックスには、サービスに関するマニュアルがありません。代わりに、

「Just Say Yes!」

という原則があります。

これは、ハワード・ビーハーの言葉を借りれば、**「道徳、法律、倫理に反しない限り、お客様が喜んでくださることは、何でもして差し上げる」**ということ。第1章で、さまざまな「スターバックスの奇跡」を見ていただきましたが、そのすべては、「Just Say Yes!」の大原則に則っていることを思い出してほしいのです。ハワード・ビーハーは著書にこう書いています。

「イエスが一番強力な言葉だ。イエスは自由と感動だ。イエスは許しだ。自分と他人に夢見るチャンスを与えることだ。イエスと言えば心が豊かになる」

ほとんどがバイトでもお客様を感動させられる理由

スターバックスにはサービスマニュアルはありません。もちろんコーヒーの淹れ方や店舗運営など外資系らしく詳細なオペレーションマニュアルがあります。

じつは、スターバックスと似たようなことを言っているのに、実績が上がらない多くの日本企業が陥っている罠がここにあります。**ミッションを徹底教育したあとは、権限委譲（エンパワメント）をして、その実現のための自主性と創造性を発揮してもらうこと。**これこそが、スターバックスの接客の核心なのです。

スターバックスが、新しく入ったパートナーにどのくらい教育を行うか、ご存知でしょうか？

答えは、70時間。

一般的な企業のアルバイトの場合、せいぜい数時間だと思います。まさに桁が違うのです。今後定着してくれるかどうかもわからないアルバイトの教育に70時間もかけるのは、ちょっと異常だ。そんな感想を聞いたこともあります。確かにそのほうが正常な感覚かもしれません。

しかし、70時間もかけるからこそ、スターバックスのミッションが理解でき、自分の頭で考えたよいサービスが提供できて、それが働くことのかけがえのない充実感につながり、スターバックスを大好きになって定着してくれる。会社も、パートナーたちが定着してくれるからこそ、もっと丁寧な教育や研修ができるようになる。そんなパートナーたちの姿を店頭で見て、志が高く、スターバックスの価値観を共有してくれている人が、自分もパートナーになりたいと思ってくれるからこそ、よい人材が集まる。

これがスターバックスの好循環なのです。

研修の教育では、コーヒーの淹れ方や基本的な接客はもちろん、ミッションについてもかなりの時間話し合われます。つまり、**「何をやりなさい」ではなく、「なぜそれをやるのかを考えなさい」というスタンスを貫きます。**

その成果は、異常発生時にこそ実感できます。

スターバックスに立ち寄り、いつものおいしいコーヒーを飲んで、ちょっとゆっくりしたり、友人や同僚とのおしゃべりを楽しんだりして店をあとにする。99%のお客様にとって、スターバックスでの時間は、たいがいそんな流れになるはずです。

ところが時々、お店では異常事態が起こります。つまずいて転び、コーヒーをひっくり返してしまった、気づいたら財布を持ってくるのを忘れていた、店の前で交通事故が起きた……。

そんなとき、ミッションや、スターバックスの原理原則、そして自分で考える能力と、お客様のために最善のことをしようとする心、さらに思ったとおりのことをしてもよいという権限があれば、絶対に他の店では真似できない、お客様の感動を呼ぶ対応ができるのです。

そして、その光景は異常事態の当事者になったお客様だけでなく、その場に居合わせた多くの人の心に刻まれていきます。

スターバックス・エクスペリエンス

ただコーヒーが飲みたい、あるいはちょっと椅子に座って落ち着きたい、というニーズは、スターバックスが日本にやって来るよりもずっと前から、いわゆる喫茶店ですでに満たされてきました。

スターバックスが初めて日本に出店したのは１９９６年のこと。一般的な評価として、日本に初めてエスプレッソをベースとしたコーヒーや、いわゆる「シアトルスタイル」を普及させた、などと言われています。

それは事実なのですが、私は表面的な評価であると感じます。本質はそこではない。

噂を聞きつけて初めてスターバックスにやって来たお客様は、それまで日本ではめったに味わうことができなかったコーヒーに満足したかもしれない。しかし、２回、３回と通ううちに、コーヒーの味だけではなく、接客や全体のおしゃれな雰囲気、スターバックスを包んでいる空気に価値を感じるようになってきます。そこにパートナーが、笑顔で声をかけてくれたり、コーヒーをこぼしてしまったときにいやな顔ひとつせず対応してくれたりといった経験をすると、いよいよその人の中では、スターバックスでのできごと、そしてスターバックスに行くことそのものが価値になってくる。

これこそが、スターバックス・エクスペリエンス。スターバックスでしか味わえない経験なのです。

ドリップコーヒーのショートサイズは、今300円。しかし、**お客様が300円出して買い求めているものは、コーヒーだけでなく、スターバックス・エクスペリエンスなのです。**そこに価値を見いだしたお客様にとって、スターバックスはもはやライフスタイル化します。そしてこれまでご紹介したようなさまざまなレジェンドをわがことのように誇りに思い、スターバックスのファンでいること、そしてスターバックスのロゴマークが入ったカップやタンブラー、バッグを持っていることそのものに、かっこよさ、自分らしさを投影してくださるようになるのです。

ミッションがあるから、エクスペリエンスが生まれる。すぐれた商品にエクスペリエン

スがセットされているから、ブランドになる。ものがあふれた成熟社会では、お客様はそここにこそ価値を見いだします。

ギリギリまで経費を切り詰めて10円安い飲食物を提供しても、ブランドとは思ってもらえません。

アメリカのスターバックスにも、一度大きなピンチがあったことを記憶している方も多いでしょう。

ハワード・シュルツは2000年に一度CEOを退き、名目上は会長になりました。これは事実上のリタイアに近いもので、経営は後身に託していたのです。

ところが、新経営陣がウォールストリートからの圧力により無理な拡大戦略を行い、後のリーマン・ショックにつながる世界的な経済危機が重なって、業績は大きく悪化してしまいました。

その詳しい内容については、ハワード自身が『スターバックス再生物語』（邦訳版、徳間書店）に書いています。かいつまんで述べれば、新しい経営陣は店舗の拡大を焦るあまり、従業員へのミッション教育が疎かになり、そこから生み出されていたはずのブランドの価値まで大きく傷つけてしまったのです。

こうなると恐ろしいもので、栄光のスターバックスブランドは急激に逆回転を始めます。かつては決して安くないお金を払ってでもスターバックスのカフェラテを飲むことがスタイルだったのに、「この不景気の時代にそんなことをしているのはかっこ悪い人」という見方すらされるようになってしまう。そこにマクドナルドやダンキンドーナツといった低価格店が攻勢をかけ始め、業績は急降下してしまいます。

つまり、**スターバックス・エクスペリエンスのないスターバックスのコーヒーに対するお客様の評価は、じつはただ高いだけで魅力のないコーヒーだったのです。**

結果として、そして拡大路線の揺り戻しとして、大規模なリストラを余儀なくされます。店舗閉鎖、首切り。人を大切にすると公言していたスターバックスが、もっともしてはいけないことに手をつけてしまったのです。ハワードは2008年初頭にCEOに復帰し、立て直しに奮闘することになります。

「こんにちは」がマニュアル化するとき

あれほど明確なミッションがあったはずのスターバックスでさえ、ひとつやり方を間違えれば、あっと言う間にミッションが浸透しなくなり、ブランドが陳腐化してしまう。私がスターバックスコーヒージャパンを託されたのは、まさにそんな時期でした。今思えば、日本のスターバックスの業績悪化はアメリカのスターバックスのあとを追っていたのかもしれません。

いいミッションを持っていて、ブランドを構築し、やがて成功を収める。しかしそれだけでは、持続することはできない。

これは本当に難しい話です。

私が社長に就任して店舗を回り始めると、あることに気づきました。

スターバックスのパートナーは、来店されたお客様に、「こんにちは」と声をかけます。「いらっしゃいませ」ではなく「こんにちは」を使用しています。スターバックスだけでなく、ディズニーはじめ他の多くの業種が「いらっしゃいませ」ではなく「こんにちは」を使用していることは、ご存知のとおりです。

思えば1996年の創業当時、外食産業チェーンにおいて「こんにちは」と接客されるのはとても新鮮だったでしょう。「いらっしゃいませ」は言いっぱなしですが、「こんにちは」からはときとして会話が生まれます。第一、フレンドリー。歓迎しています、あなたがお店に来てくれてうれしい、という意志を表すことができます。

そういう本質的な意義をよく理解したうえで「こんにちは」と言ってくれているパートナーは優秀です。彼らはそのままでいい。

ところが、**中にはお客様のほうを見ないで、ただ「こんにちはぁ」とぼんやり発声しているだけのパートナーもいることに、気づきました。**

そこで私は、本当に「こんにちは」と言うだけでいいのかどうかを、あえて問題提起しました。

まず、現実的に多くの外食産業が「いらっしゃいませ」ではなく「こんにちは」を使い始めている以上、もはや従業員から「こんにちは」と声をかけられることの表面的な希少性は薄れてきていることを考えなければなりません。

そして何よりも、当初はお客様を心からお迎えするための「こんにちは」だったのに、長年続けていると、いつの間にかお客様が来店したら何の感情もなく反射的に「こんにちは」と言うだけの状況に陥っていないか心配しました。大切なのは言葉そのものより気持ちなのです。

すでに述べたとおり、機械に「イラッシャイマセ」と言われても何も感動しないのと同じで、気持ちのまったくこもっていない「こんにちは」に、温かみを感じたりしてくださるお客様はいない。

ここで私たちは、なぜ「こんにちは」と言うのか、そして「こんにちは」が知らず知らずのうちにマニュアル化してしまったのではないかと反省するべきだと考えました。

「いらっしゃいませ」の代わりに「こんにちは」でお迎えする意味は、お客様と店員の関係ではなく、あたかも顔見知りの人であるかのような気持ちでお迎えするためです。

スターバックスの考え方に、「接する」「発見する」「対応する」というシンプルな教えがあります。相手を瞬時にしっかり観察して、状況にふさわしいお迎えをすることが大切です。

だから、毎回「こんにちは」である必要もない。

「おはようございます」でも「こんばんは」でも、「外は寒いですか?」でもいい。よくお店に来てくださるお客様ならもう少し踏み込んで、「今日はお見えになるのがちょっと早いですね」でも、「日が短くなりましたね」でも、「すてきなネクタイですね」でもいい。

そのほうが、断然スターバックスらしいです。

社員の自発性を引き出すためにリーダーがやるべきこと

世の中の企業の多くには、ミッションや経営理念、創業理念などが存在します。ゼロから立ち上げた。それまでの常識をぶち壊し、再構築してきた。だれも手をつけていなかったフロンティアを切り拓いた。オリジナリティを武器にライバルに打ち勝ってきた。きっとそれぞれの創業者には、その数だけ熱いストーリーがあり、企業活動を通じて心の底から大切にしたい何かがある。

ミッションとは本来、それをぎゅっと凝縮し、明文化したもののはずです。

しかし、会社が順調に拡大していくと、どうしてもミッションの存在が薄れがちになってしまいます。なぜなら、あとから入った人はすでに安定飛行に入った企業に入社したのであり、伝聞でしか、熱い創業の時代を感じられないからです。

こうして、本来だれもが知っていたはずのその企業の存在理由、つまりミッションが忘れ去られ、何か問題が起きたときに立ち戻る原点がなくなり、どうすべきかを考える力も失われていきます。

「○○をしてください」という指示に対して、指示された人は○○をしようと思うだけで、それを達成すれば、あとは何もしません。強く指示すればするほど、より完璧な○○には近づきますが、決してプラスアルファを求めようとはしなくなる。なぜなら、指示されていないからです。

これでは、**お客様の期待を超えることはできない**。

もうひとつの重要な問題は、どうして○○をしなければいけないのかを、一切考えなくなることです。だって、もう指示されたのだから、あれこれ考えたって仕方がない。

お客様には「こんにちは」と声かけすることにしていますから、必ず実行するように。そう指示されれば、見事にそこら中で「自動こんにちはマシン」が勢ぞろいしてしまうのです。

本当に大切なのは、「なぜそうするのか？」を、しっかり理解してもらうこと。あるいは、常に自問自答することです。

人材教育の場において、私はその点を徹底するようお願いしました。

おいしいコーヒーを淹れることも、接客の仕方を学ぶことも大切だ。でももっと大切なのは、なぜそうするのかだ。なぜ「こんにちは」なのか？　なぜスターバックスはサードプレイスであろうとするのか？　なぜスターバックスはおいしいコーヒーを提供しているのか？　なぜ？　なぜ？……。

こうした思考を繰り返せば繰り返すほど、パートナーたちはどんどん応用が利くようになっていきます。

私たちの存在理由。なぜ私は今お客様のためにここにいるのか！

その、一見単純なミッションを、自分の力で発見できれば、コーヒーをこぼしてあたふたしている人を見ても、交通事故を起こして憔悴している人を見ても、必ずその人の心に活力を与える行動を起こせる。

与えられたミッションは、自分の中で議論し、咀嚼《そしゃく》して、初めて自分のものになります。**本社や本部、リーダーは、考えるスタッフを育て、彼らが現場で判断したことを全力でサポートしなければならないのです。**

しかし、日本の外食産業の多くは、相変わらず「自動こんにちはマシン」を大量にそろえているだけです。よくある質問には答えられても、マニュアルにないこと、プログラミングされていないことには一切対応できず、オドオドして責任を回避しようとするだけ。お客様がボタンを押さないと、水すら運ばないレストランがたくさんあります。

いくらマニュアルにたくさんのケースを書き込んでも、想定外のことが起こるのが現実。ならば、根本となるミッションの教育さえしっかりしていれば、その場その場で判断して対応できる。

おいしいコーヒーはマシンで作れても、ミッションから生み出される感動は、決して機械が作っているわけではないのです。

「ブリングマイカップ」がつけた火花とは

CEOに就任してからの私は、できるだけ現場を回ることにしました。スターバックスをより元気にするには、火花のそばにいて、その輝きを見つめ続ける必要があります。**経営判断にあたっては、最前線のカウンターで何が起きているのか、パートナーたちがどうしているのかを見定めることから発想したかった**のです。

現場をどう巻き込んでいくかについては章を改めて述べていきますが、私はいくつか手を打ちました。それが、パートナーたちの力によって、私自身の期待を超える大きな火花となったのです。

スターバックスは、「ブリングマイカップ」というキャンペーンを行っています。お客様が所有するタンブラーを持ち込むと、環境への配慮にご協力いただいたお礼として、20円を割り引くのです。

あるとき、環境月間のキャンペーンを展開するにあたって、3週間ほど、タンブラーを持ち込むと50円引きにすることにしました。

私がたまたま出張していた北海道でお店回りをしていると、複数の店舗でパートナーたちが、いろいろ話をしてくれました。

「岩田さん、ブリングマイカップって、とってもいいですよ。お客様との会話のきっかけになるんです！」

スターバックスで売っているタンブラーは、さまざまなデザインがあるだけでなく、台紙を入れ替えることでオリジナルのデザインに変更することができます。50円割引のキャンペーンの効果でタンブラーを使い始めるお客様が増え、中には個性豊かなデザインに変えてみた方も少なくない。タンブラーをお持ちいただいたときに、スターバックスの環境への取り組みやキャンペーンについてご説明する。お客様とのつながりが今までより多く持てるとお店では大好評でした。

お客様も楽しめて、コーヒーが安く飲める。パートナーとの会話も弾んで、ますますスターバックスに行くのが楽しくなる。

「岩田さん、このキャンペーンをもっと続けてください」

一店舗のお店だけの意見なら、特にアクションはしなかったと思います。訪問したどのお店のパートナーも同じ気持ちを持っていました。

私は北海道から担当者に電話して「このキャンペーンを１か月延長してください」とお願いをしました。

これにはあちこちから反発がありました。「３０００万円余分に費用がかかる」「告知はすぐにはできない」などできない理由を散々言われました。

私はこんなにお店のパートナーたちが喜んでくれているのだから、それだけの理由で十分じゃないかと、一歩も引き下がりませんでした。火花が散る瞬間こそ第一に考えるべきだと思ったのです。

このことが次の大成功をもたらした要因だと今でも思っています。

「妥協の産物」で火花が散った!?

その後、「ワンモアコーヒー」というキャンペーンを行いました。

スターバックスのファンの方であればわざわざご説明することもないのですが、ドリップコーヒーをオーダーされたお客様に、同日内であれば、全国どこの店舗でも2杯目のドリップコーヒーを100円で「おかわり」していただけるというものです。

これがV字回復の転機のひとつとなりました。

じつはこのサービスは、それまでも同じ店舗であれば可能だったのですが、あまり熱心にアピールしていたわけではありませんでした。

外食産業では、既存のお客様をつなぎとめたり新しいお客様を呼び込んだりするために、無料のクーポン券や割引チケットを配ります。ではスターバックスも同じようにすればいいかというと、話はそう簡単ではありません。

スターバックスはブランドです。私には、ブランドを捨てて単なるコーヒーの安売りに走るという選択肢はあり得ませんでした。ブランドである以上、お客様を裏切ることは決して許されないからです。これも詳しくはあとの章で述べますが、ザ・ボディショップの「7つのお願い」の最後にもあったとおり、**ブランドには、「お約束」として、いつどこで買っても基本的に価格は同じでなければならないという原則があります。**それは、暗黙のうちに取り決められているお客様との大切な約束なのです。

しかし、とにかくスターバックスを復活させるために、何らかの手は打たなければならない。特にシアトル本社からは早く結果を出すよう厳しいプレッシャーがありました。アメリカのスターバックスは業績回復のためにクーポンを配り始め、ディスカウント攻勢を行っていました。

日本でも、特にリーマン・ショック以降、ビジネス街にある店舗の売り上げが大きく減少していました。とりわけ外資系企業の多い地区では、ビジネスマンたちの財布のひもが固くなっただけでなく、中には会社自体がそっくり撤退してしまうところもあり、特に男性ビジネスマンに愛される傾向のあるドリップコーヒーの売り上げ減が顕著でした。

でも私は、どうしてもアメリカのようなディスカウントのやり方を受け入れることができなかった。ブランドを傷つけたくなかったからです。

一方で、スターバックスでは、ドリップコーヒーはおいしさを保つために2時間ごとに淹れ直しています。ですから、その大半は時間がきたら廃棄されているのが現状でした。それは必要なコストです。したがって、今以上にワンモアコーヒーをアピールしても、コストにはほとんど影響しません。

それならば、一歩踏み出すにあたって、すでにスターバックスを愛してくださっているお客様向けに、当日なら全国どこのお店でも100円で2杯目を飲めるようにしよう。そして、ワンモアコーヒーをもっとアピールしてみよう。それが、私たちの決断でした。

せっかくのワンモアコーヒーなのだから、お店でもらってちょっと心が弾むような、すてきなデザインのチケットを作りたい。私はそう考えたのですが、即効性を優先して、ドリップコーヒーを買ったお客様に手渡す「レシート」に、ワンモアコーヒーの詳しい内容とコーヒーのイラストを印字し、2杯目を買う際にはそれを提示してもらうことになりました。

私は、正直なところレシートではちょっと味気ない、安っぽいじゃないかと感じていました。

ところが、パートナーたちは与えられた環境の中で、またすばらしい接客をしてくれたのです。

キャンペーン開始後、報告を受け、お店での対応に驚きました。

詳しく聞いてみると、ワンモアコーヒーを申し出るお客様は、さまざまな店舗が発行したレシートを持ち込んで来ます。すると、**パートナーたちは、そのレシートを発行した店舗名と、発行時刻に注目し始めました。**

中には遠くからいらっしゃったお客様がいる。時間をあけて午前と午後に同じお店を再び訪れてくださったお客様がいる。それが格好の会話のヒントになるというのです。

朝、仙台の店舗で1杯目のドリップコーヒーを飲んだお客様が、夕方、東京都内のスターバックスでレシートを見せてワンモアコーヒーを注文している。きっとこのお客様は、朝イチで仙台の自宅を出発して、地元のスターバックスで目覚ましのコーヒーを飲み、都内でひと仕事終え、今ようやく落ち着いた気分でワンモアコーヒーのことを思い出してくださったのかもしれない……そんな具合に、どんどん想像が広がっていきます。

するとパートナーは、お客様の様子を見ながら、「仙台からいらっしゃったんですか？」とか、「ご出張ですか？　お疲れ様です」「新幹線は混んでいましたか？」「これからお帰りですか？」など、ちょっとした一言をかけるヒントにしてくれていたのです。

同じ店舗を再度訪れた場合でも、朝早い時刻のレシートを持ったお客様が夕方もう一度ご来店されたことが、レシートからはっきりわかります。すると「こんにちは」ではなく、「お疲れ様でした。お帰りなさい」と声をかけている。

ピラピラの感熱紙のレシートから、かけがえのないスターバックス・エクスペリエンスが生み出されている！　スターバックスのお店のパートナーは本当にすばらしいと思いました。

見映えのよさを考えて、別にチケットを作ろうとした私。しかし、ミッションを胸に火花を毎日散らしているパートナーたちは、レシートに当たり前のように印字される店舗名と発行時刻を見逃さず、私もまったく想像しなかったやり方で、感動体験を生み出してくれたのです。

日本のスターバックスがアメリカを超えたと感じた瞬間

私個人のスターバックス・エクスペリエンスも、少し述べてみます。

私はお店回りを大切にしていただけでなく、それ自体がとても好き。やはり、火花の散る瞬間を見ているのは、とても楽しいし、ときに感動的です。

第１章で、ホテルのエレベーター運行における気づかいや、老舗旅館のつかず離れず、空気のような対応をしてくれる仲居さんの話を述べました。私はそういう細かなサービスについて高い感度を持っているほうだと思います。

その私が、心を奪われるできごとがありました。

あるお休みの日、まったくのプライベートのときに、スターバックスのコーヒーが飲みたくなり、銀座のお店に行きました。ＣＥＯとしてのオフィシャルな店舗回りではなく、あくまでひとりのお客として。もちろんこちらから名乗ったりはしません。

何げなくお店に入り、一般のお客様に混じってオーダーしました。レジを担当していた女性のパートナーは私に気がつかないようで、いたって普通に接客しました。

でき上がったコーヒーをカウンターで手渡してくれた少し年配の女性のパートナーは、私に商品を渡してくれる際にさりげなく、こう言ったのでした。

「今日は、お休みですか？」

笑顔で。そして私にしか聞こえないくらいの大きさで。

彼女は、目の前の客がスターバックスのCEOだと気づいている。ひとりだからきっとプライベートなのだろう。「岩田さん、お疲れ様です‼」と言って、せっかくのプライベートの時間を侵すわけにはいかない。でも、気づいた以上ひと声かけないわけにもいかない。あなたのことはしっかり認識しています、でも邪魔はしませんよ……そんな、ギリギリのバランス感覚を凝縮した結果生まれたのが、「今日は、お休みですか？」というひと言だったと思うのです。

私は一瞬どう対応したらよいかわからず、ひと呼吸おいて、

「はい、そうなんです。ありがとう」

それだけ言って、そっとカウンターを離れました。あとで考えれば考えるほど、心のこもった、でも押しつけがましくない、120点の対応でした。

ベテランのパートナーが持ちうる、絶妙の距離感。これは、決して簡単に真似のできない、極めて高度な対応でした。そして高級ホテルや旅館でしか味わえないような、最高のおもてなしのできるスターバックスのお店のパートナーたちを誇りに思いました。

第五次産業としてのスターバックス

私はそのお店でももちろんコーヒーをおいしくいただきました。それからずいぶんたった今でも、その気づかいを思い出して感動します。

きっと、ブリングマイカップのお客様も、仙台から出張して来たビジネスマンも、仕事を終えてゆっくりと自分の時間を取り戻そうとしている顔なじみのお客様も、同じだと思うのです。

スターバックスは小売業ですから、産業分類で言えば第三次産業になります。第一次産業は農林水産業。第二次産業は製造業。

でも本当は、**スターバックスはコーヒーを売っているサービス産業ではなく、感動の経験を売っているのではないか**。私はスターバックスでさまざまな火花を目にするたび、そんなことを思うようになりました。

近年は、ＩＴ産業を第四次産業と呼びます。ならば、スターバックスのような感動経験を売っている業態は、第五次産業なのではないか。

ディズニーやリッツ・カールトン、あるいは誕生日を祝ってくれて、お客様の自転車のパンクまで直してしまう九州の美容院BAGZY《バクジー》。

彼らはテーマパークやホテルステイ、ヘアカットやパーマを売っているのではありません。感動を売っているのです。だからこそ、他のテーマパークやホテル、美容院とは一線を画していて、同業にライバルは見当たりません。

もう少し考えを進めれば、スターバックスのライバル、あるいは同業は、決してタリーズコーヒーでもドトールコーヒーでもなく、ディズニーやリッツ・カールトンなのではないか。私はそう考えるのです。

お客様が本当に求めているものは、コーヒーではない。テーマパークでも、ラグジュアリー感あふれるホテルでもない。

感動経験なのです。

ものではなく経験なので、決して値段を割り引いてもらうことに価値を見いださない。**いいものに対しては、然るべき対価を気持ちよく払うことを厭わないし、そもそも他に代わるものがないので、価格そのものが気にならなくなる。**

私は、これこそが第五次産業の姿だと思います。

それを支えているのは、言うまでもなくミッションです。

スターバックスも、ザ・ボディショップも、ディズニーも、リッツ・カールトンもミッションを持っていますが、ではお客様はどうかというと、よほど研究熱心なお客様を除いて、各企業のミッションが何かなんて、おそらくは知らないでしょう。しかし、お客様の多くはスターバックスを、ディズニーを、そしてリッツ・カールトンを別格のものとして認識している。

その理由は、**すばらしいミッションが存在し、ひとりひとりがそれを理解して、自分で考え、実行することのできる環境が醸し出す、空気だと思うのです。そう、空気です。**

企業のミッションを、決してお客様が知っている必要はない。知られて困ることはないし、知ってほしいとも思うけれど、無理に宣伝する必要はない。

なぜなら、ミッションのあるところは、空気感が明らかに違う。**ミッションこそが、ブランドを形作っている**のです。

次の章は、この点を深く掘ってみたいと思います。

郵便はがき

105-0002

50円切手を
お貼りください

（受取人）
東京都港区愛宕1-1-11

(株)アスコム
ミッション

読者　係

本書をお買いあげ頂き、誠にありがとうございました。お手数ですが、今後の出版の参考のため各項目にご記入のうえ、弊社までご返送ください。

ご購入された書店名	書店所在地（市区町村名）
お名前	年齢・性別　才　男・女
ご住所　〒	Tel
	E-mail
ご職業　1.学生　2.会社員　3.自由業　4.教員　5.マスコミ　6.自営業　7.公務員　8.主婦　9.その他（　　）	
ご講読新聞名	よく読む雑誌名
今後、著者や新刊に関する情報、新企画へのアンケート、セミナーのご案内などを郵送または eメールにて送付させていただいてもよろしいでしょうか？　□はい　□いいえ	

●本書へのご意見・ご感想をお聞かせ下さい

返信いただいた方の中から抽選で

5名の方に図書券5000円を

プレゼントさせていただきます！

（応募締切　2013年 1 月末日消印有効）

当選の発表はプレゼント商品の発送をもって代えさせていただきます。

※ご記入いただいた個人情報はプレゼントの発送以外に利用することはありません。

※本書へのご意見・ご感想に関しては、本書の広告などに文面を掲載させていただく場合がございます。

ご協力ありがとうございました。

MISSION

第4章

僕たちは何のために働くのか

世に生を得るは事を成すにあり。

――坂本龍馬

「日産自動車の経営理念って何ですか？」

私が、初めてミッションを意識したのは、日産自動車に入社して数年経った頃です。

ふと、「日産自動車の経営理念って、何なのか？」と考えました。

先輩、課長、部長。私は当時の上司に、聞いて回りました。しかし、だれからも明確な答えは得られません。

日産は何のために自動車を作っているのだろう？

私の思いが通じたわけではないと思いますが、その後数年して経営理念が書かれたカードが配布されたことを覚えています。特に説明はなく、話合いなども行われず、ただ配られただけでした。

今、その内容を思い出すことがどうしてもできません。ときはバブル崩壊がだれの目にも明確になった1992年。

その後日産自動車は、本拠地とまで言われた座間工場の閉鎖発表を皮切りに、長いリストラの時代に突入していくことになります。

思えば、私が勤め始めたのは、日産自動車が輝いていた最後の時期だったことになります。日本車の輸出は絶好調。1ドルがまだ二百数十円だった時代です。たびたび貿易摩擦問題が起こり、そのたびに輸出の自主規制や、生産現場の海外移転が行われてきました。当時の海外移転とは、現在のようにコスト高、円高に音を上げて出ていくのではなく、日本車が勝ちすぎてしまっていることへの対処として、工場を欧米に作り、できるだけ現地で部品を調達し、現地の人々を雇用して利益を還元することで、政府間レベル、国民感情レベルでの批判をかわすためでした。

しかし、日産自動車は伝統的に労働組合の力が強大で、対立は深まるばかり。組合は公然と経営問題に口を出し、いやがらせのような要求を会社にぶつけていました。当時の時代の要請だったイギリスへの進出も正式に反対をしていました。一方で労働組合の幹部は銀座で豪遊したり、ヨットを乗り回したりしていました。まさしく「権力は腐敗する」一例です。

1985年、プラザ合意（先進5か国による為替市場へのドル安協調介入）を経て、円高が急速に進みました。わずか1年足らずで1ドルは160円ほどになってしまい、北米への輸出に頼っていた日産はたちまちピンチに陥ります。

忘れられない思い出があります。

会社が危機を迎える中で、座して死を待つわけにはいかない。本社だけでなく、工場や研究所を巻き込んだ若手社員の社内改革組織を自発的に作りました。名づけて「脱兎倶楽部」。脱兎とは、かつての日産を代表するブランド「ダットサン」（２０１２年に復活が宣言された）からとったものです。

私たちには「日産をよくしよう」という、極めて単純明快なミッションがありました。愛社精神に燃えていて、たとえこの身はどうなろうと、会社によくなってほしいという思いでした。

役員と直接話してみよう。

銀座のショールームをショーアップするためには？

魅力あるクルマを作るには？

日産の復活には、フランス・ルノーとの提携と、カルロス・ゴーンＣＥＯの登場を待たねばならなくなります。しかしその前に、私や、一緒に日産をよくしようとがんばっていた仲間の多くが、会社を去りました。

自然派のアニータがあえて人工物を使う理由

私が、初めてミッションこそがブランドを形作っていると感じることができたのは、アニータ・ロディックという存在を通してのことでした。

ザ・ボディショップは、自然派化粧品が売り物です。しかし、中には人工的に合成された成分をあえて使うことがあります。

えっ、それはおかしいのでは？　そう思う方も少なくないはず。

たとえば、ザ・ボディショップの人気商品であるホワイトムスクは、人工的に合成された香料を使っています。

ムスクとはジャコウのことで、本来はジャコウジカのオスの腹部にある香嚢《こうのう》と呼ばれる器官から得られる成分。かつては化粧品、あるいは漢方薬として珍重され、大量のジャコウジカを殺して採集していたのです。

今ではジャコウジカを殺すことは許されていません。しかし、もし現在でもジャコウジカを狩ることが許されていたとしても、アニータは絶対にそれを許さなかったはずです。

動物実験を許さない。女性の美のために動物の尊い命を奪うことは許さない。それはアニータとザ・ボディショップの明確なミッションです。ミッションの実現のためには、自然派であることへのこだわりなど、取るに足らないこと。

大半のお客様にとっても、ミッションが矛盾していないことのほうが、人工的な材料を使っているかどうかよりも重要な関心ごとのはずなのです。

ザ・ボディショップの社長を務めているときに、本当に天の啓示のように**「企業は、世の中をよくするためにある」**という言葉が降りてきました。そこに至るまでに、ザ・ボディショップのミッション、そしてアニータとの出会いが作用していることは間違いありません。

ミッションの4つの大切さ

私が社長になったら、まず調べるのは、その会社のミッションです。そのときのスタッフのみなさんと経営理念、ミッション、ビジョンなどについて話し合うのですが、それぞれの定義が微妙に違っています。

そもそもミッションとは何か。念のため説明しておくと、まず狭い意味でのミッションとは、企業の使命や存在意義、何を達成したいかを意味するもの。

ビジョンとは、目指すべき方向性、将来あるべき姿のこと。

バリューとは、企業の価値観、すなわちミッションやビジョンを、どうやって、何を大切にしながら達成していくのかという行動の判断基準を意味します。

そして企業理念とは、ミッション、ビジョン、バリューを統合した概念です。

ただし、**本書で私がミッションと言う場合は、ほぼ経営理念と同じ意味です**。細かくは違いがあるけれど、あまりディテールにこだわる意味はないと考えます。広い意味でのミッション＝経営理念だと考えていただいて差し支えありません。

ここまで、スターバックスとザ・ボディショップという、非常にミッションが明確で徹底されていて、かつそれがブランドとなっているふたつの企業の事例を見てきました。

ここから得られるミッションの大切さは、次の4つに集約することができます。

1　社会は常に変化しており、「想定外」の連続。すべてのケースを事前に想定してマニュアルを作成することは到底不可能。「想定外」のときにむしろ重要なのは、原理原則である。

2　同じ企業と言っても、そこに集まる人はさまざまな価値感を持っている。みんなを同じ方向に向かわせるには、目印となる明確なゴールが必要になる。

3　ミッションを高く掲げることによって、それに共鳴する人たち、つまり最初から目指す方向が同じ人たちが入社してくる。

4　ミッションとは、通常とても崇高なもの。それを目指していると、社員のモラルが高くなっていき、離職率が減る。

以上を再確認したうえで、もう一度スターバックスのBHAG《ビーハグ》を確認してみます。

「人々の心に活力と栄養を与えるブランドとして世界でもっとも知られ、尊敬される企業になること」

同じく、ミッションステートメントも改めて見てみます。

人々の心を豊かで活力あるものにするために――
ひとりのお客様、1杯のコーヒー、そしてひとつのコミュニティから

いかがでしょうか？　4つの重要なポイントとスターバックスのミッションをかけ合わせ、ここまで述べてきた具体的なストーリーを思い出していくと、なるほど、と納得されませんか。

ブランドとミッションは表裏の関係

以上の4つのポイントを踏まえて、今度は失敗談を書いてみます。
ブランドは、お約束。お客様の期待を裏切ってはいけない。私はこの言葉をすでに何度も述べています。それにはじつは理由があります。自分自身の苦い経験があるのです。

ミッションに裏打ちされたブランドを愛するお客様は、ただ商品やサービスにお金を払っているわけではなく、感動経験やストーリーにお金を払っている。だから値下げ競争に巻き込まれることはないのですが、それとは裏腹に、**しっかりとした価格政策を保っていかなければ、ミッションに共鳴してくれていたお客様や従業員から裏切り行為として嫌われてしまうことがあります。**ブランドは、安ければいいというものではありません。私がスターバックスでディスカウントに抵抗した原因は、じつはここにあります。

ザ・ボディショップの再建が順調に進んでいたときの話です。

私が社長に就任しておよそ半年後から売り上げは順調に伸び始め、32か月連続で予算をクリアしていました。ところが33か月目にして、雲行きが怪しくなってきたのです。

私の中には、ちょっとした恐怖感がありました。何しろ3年近く続いてきた記録が途絶えようとしているのです。一度予算が未達になると、たがが外れて、ずるずるといってしまうのではないか。

無理にでも数字を作って、予算を達成しよう。私はそう判断しました。

そして現場にプレッシャーをかけ、時間が限られている中、もっとも安易な方法を選んでしまいます。

「企画品（つまり値引き商品）を投入して予算を何が何でも達成しなさい」

と指示してしまったのです。ちょっと値引きしたくらいで、ザ・ボディショップのブランド価値全体が壊れることはないだろう、という読みでした。

私の決断も、現場の努力もむなしく、記録は33か月目にしてついえてしまいます。

確かに、私の読みはある意味当たっていました。その後もザ・ボディショップの価値が著しく毀損《きそん》されたわけではありません。

しかし、**私はそれ以上にとても大切なものを失ってしまいました。現場のモチベーションです。**

私は従業員の中に漂っている空虚な雰囲気を感じとり、信頼している何人かに話を聞くことにしました。

驚きました。**彼女たちがモチベーションを下げてしまった理由は、お客様に対する「罪悪感」だったのです。**

今日は1000円で売っている商品を、明日からはディスカウントしろと上が指示している。でも、今目の前で喜んで1000円を払ってくださるお客様に、「明日からは800円で売るんですよ、明日買ったほうがいいですよ」と明かすことができない。

私は商品を値引きするわけだから、お店のスタッフたちは売り上げが作りやすくなって喜ぶのではないか、と思っていました。しかし日々お客様と向き合っているお店の人たちは、昨日の価格と今日の価格が違うことは、お客様に対する裏切り行為だと感じていたのです。

私は、ザ・ボディショップの社長に就任したときにみんなに宣言した「7つのお願い」のひとつ、「ブランドは『お約束』」を、自ら破ってしまった。お客様と社員を裏切ってしまったのです。

やはり、歯を食いしばってでも値引きをするべきではなかった。違うアイデアを考えるべきだった。今でも思い出す苦い経験です。

成功しているブランドは、値引きをしないために利益率がよくなります。世の中にはそれに罪悪感を抱く人もいるようです。その感覚も、理解できないわけではありません。

私の場合は、ザ・ボディショップでも、スターバックスでも、別の形でお客様へお返しすることを考えました。まずは従業員のがんばりに報いて、報酬をあげたり、労働環境を整備すること。そうすることによって、より心のこもった接客ができるようにする。スターバックスであれば、店内を改装したり、ノートパソコンを使うお客様のためにコンセントや無料の無線ＬＡＮを整備したりすることで還元する方法があります。

適正な利益以上は、あとからいくらでも社会やお客様に還元できる。そのためには、何よりもブランドを、そしてミッションを守り通すことが大切なのです。

ちなみに、インターネットの価格調査サイトなどで、もっとも頻繁に価格を調査している消費者は、すでにそれを購入した人です。自分が買った商品が、著しく値引きされていないかどうか、要するに裏切られていないかどうかが、どうしても気になる。クルマやマンションといった高い買い物ではなおさらです。

「お客は値引きを望んでいる」という幻想

ブランドと価格の関係について、もう少し詳しく触れておきます。

私は日産自動車時代、大阪のディーラーに出向して1年半セールスをした経験があります。当時の本社の方針で、販売面での人的な支援が行われていました。

私は、クルマのセールスにまったく自信がなかったのですが、「社長賞をとる」という目標に燃えてがんばり、結果としては、販売記録を作り、優秀なセールスマンとして日産本社から社長賞をもらいました。

ただ、どうしても納得のいかないこと、矛盾を感じたことも多々あります。

私のことを気に入ってくださったお客様は、あまり値引きを要求しません。ニコニコしてお金を払ってくれるので、むしろこちらからサービスをします。一方でセールスマンの顔を見るなり、「値引きしてんか、もっと値引きできるんやろ?」と言い始めるお客様も少なくありません。仕方がなく、限界ギリギリの額まで値引きに応じることになります。

「103万円?　岩田さん、ここは気持ちよく、きっちり100万円にしてえなあ」

提示した見積もりに対してそんなリクエストをされると、私は3万円の値引きにすんなり応じず、こう答えることにしました。

「あと1万円、何とか1万円だけください。残りは私が必ず何とかしますから!」

つまり、2万円は引くので、101万円で手を打ってほしい、とお願いするのです。そして、たとえ自分の裁量で行ってもいい値引きの幅であっても、わざわざ電話を借りて会社に電話し「所長！　今回の値引きの分は他のお客さんで必ず取り返しますから、何とか認めてください。お願いします！」と、お客様に聞こえるように「演技」します。

するとお客様は、意外にも満足度が高まるのです。むしろそれ以上の無茶な値引き要求を引っ込め、「岩田さん大丈夫？　あまり無理せんといてな」と気づかいすらしてくれて、満足して買ってくれます。

言うまでもなくこれには、駆け引き、ゲーム的な要素もあります。しかし注目してほしいのは、**お客様の満足は、決して値引きの絶対的な幅が決定づけるわけではない**ということです。

セールスマンになりたての頃は、自分の裁量の範囲であれば、あっさり値引きを受けつけていました。すると不思議に、「もうこれでギリギリですよ」と念を押し、かつそれが本当だとしても、お客様は「まだ安くできるのではないか？」という不信感からさらなる値引きを要求してくるようになります。

しかし、値引きの幅ではなく、お客様が自分自身で納得した様子を見せた場合は、不思議とそれ以上の値引きを要求されることはありませんでした。

一体価格って、何なのだろうか？　お客様が本当に望んでいるのは、絶対的な価格の安さなのだろうか？　私はセールスの成績が上がるにともなって、それほど値引きしなくても済むようになるという、一見相反した状況におかれながら、そんなことを考えていました。今から思うと、定価を１００万円にして、値引きを一切しない売り方が、お客様に対して一番誠実です。

牛丼の安売り戦争が一時期話題になりました。期間限定で10円を刻みにいく熾烈な争い。その裏には、高騰する原材料費に対応するためのコスト削減と、秒単位で店員の一挙手一投足を決めるマニュアルの徹底があります。食の安全問題に対しても、限られたコストの中で配慮しなければなりません。

しかし、早くもお客様の心は牛丼店の争いから離れてしまっています。少々安くしても、もうお客様からの信頼を失ってしまっているので、見向きもされません。

かわいそうなのは従業員の方々です。コスト削減と効率アップでおそらく疲弊してしまっているでしょう。

値下げしたのに、結局お客様をつなぎとめられない。ならば、一体何のために値下げをするのか。だれも幸せにしない無益な戦いに見えて仕方がありません。

「社会貢献なんて、建前なんでしょ？」

話は、決してデフレ時代の外食産業だけではありません。私は、もっと根本的な、あるいは根深いことだと思わざるを得ないのです。

ザ・ボディショップの社長をしていた頃、ＣＳＲ（一般的な意味では、「企業の社会的責任」）をテーマに、ある協会の講演会に招かれ、大勢の大企業の役員を前に講演したことがあります。

ザ・ボディショップにとって、社会貢献活動は会社のミッションです。本書でもここまで述べてきたようなストーリーをお話しすると、質疑応答の時間になって、ある大手電機メーカーの役員の方が質問をしてきました。

「企業の社会貢献って言いますけれど、それはあくまで建前なんでしょう？」

彼にとってCSRとは、言うならば「かっこつけ」であって、しようとしまいと会社の持続性には何の影響もない。むしろ業績が悪い企業では予算なんてつけられないから、CSRは成り立たないのでは?ということなのです。

私は、ちょっと言葉を失ってしまいました。

社会貢献自体が会社の存在理由、つまりミッションであることが、ご理解いただけなかったようです。彼にとって、そして日本の多くの経営者にとっての社会貢献とは、儲けすぎていることへの批判をかわすための、一種の罪滅ぼしなのです。何億余っているから、あそこに1億、ここに1億寄付しよう。今期は利益が減ったから、CSRも手控えよう。赤字なのにCSRなんてやっている場合か。リストラを正当化できないじゃないか。

中味ではなく、金額で物ごとを測っている。だから不況になったら、真っ先にCSRをやめるのです。

私はそもそも、CSRという言葉が嫌いです。「企業の社会的責任」、まさに「責任」として社会貢献活動を認識しているからです。

本当はやりたくないけれど、利益を出しているのにやらないと後ろ指を差されるから仕方がない。贖罪《しょくざい》の意味も込めて、他社の様子も見ながらまあ1億円くらいは寄付しておこう……。つまり、企業活動とCSRが分離しているのです。できることなら避けて通りたいけれど、いやいややっている。

スターバックスやザ・ボディショップは、社会貢献することそのものが、会社の存在理由だと考えている。だって、「人々の心を豊かで活力あるものにする」ためにコーヒーを売り、「社会を変革する」ために化粧品を売っているのですから。

言い方を換えれば、スターバックスは人々の心を豊かにするために利益を稼ぎ、ザ・ボディショップは社会変革のために利益を稼いでいるのです。利益を稼いでしまったからいくらかは還元しなければならないという発想とは、根本的に違います。

その大手電機メーカーの役員は、その違いがどうしても理解できなかったようです。

もしもマンションの理事長をやることになったら

ちょっと想像してみてください。

ある大企業の本部長。多くの人はそれだけで「すごいですね！」と言ってくれるでしょう。社内における評価も、本部長になったということは、それなりに競争を勝ち抜いた証です。部下も取り引き先も、みんな一目おいてくれます。

この本部長が地域のスポーツチームの監督になったとしたら何ができるでしょうか。○○株式会社の本部長の神通力は、おそらく何の役にも立たないでしょう。スポーツの戦況は肩書きでは見極められません。選手交代についても、監督の戦略・戦術面での能力と、チームメイトに対する思いだけが問われます。

では、マンションの管理組合で理事長になったとしたらどうでしょう。耐震補強を始めるか始めないかで、住人同士が分裂する状況に放り込まれたらどうなるでしょうか。「私は、○○社の本部長ですから、一任してほしい」と言ったところで、だれも聞いてはくれません。大きな費用のかかるマンションの補強工事は、居住者個々人の都合がぶつかり合い、そこには序列はありません。

会社を一歩外に出れば、肩書きや実績、社会的地位など何の役にも立ちません。

必要なのは、どうするべきかというミッションを考え、それを自分の言葉で周囲に納得してもらう人間性なのです。

ミッションを考える力、人間性だけで問題に立ち向かうトレーニングをしたければ、ぜひ、だれもがいやがるマンションの理事長になってみることをすすめます。「若造のくせに、何えらそうなことを言っているんだ！」なんて怒鳴る、怖いものなしのリタイアしたお年寄りたちを納得させられますか？

同じ会社で働き続けるリスクとは

大企業にいると、自分で意識しない限り、ミッションを考える機会が失われがちです。若い世代の働き方が不安定だと言われます。契約社員は働く期間が決まっていて、更新されるかどうかはそのときになってみないとわかりません。だから、できれば正社員になって安定を得たい。本人も、親もそう強く望んでいるようです。

でも、私のような雇われ経営者は、通常1年が任期です。その後更新されるかどうかはそのとき次第ですし、途中で打ち切られることもあります。

「岩田さん、どうかずっと社長でいてください」と社員から言ってもらえても、業績が悪くなったり、社員が不祥事を起こしたりすれば責任をとらなければいけない。株主がダメだと言えばそこでおしまいです。だからいつも自分のミッションに従って緊張感を持ち続けることができます。

磨かなければならないのは、社内での経歴ではなくて、どこに出ても役立つ自分のスキルなのです。同じ会社で働き続けるということは、その事実に気づかないリスクでもあります。

だから私は、**会社のミッションと同時に、自分自身のミッション、言い換えればどの会社で働こうと変わらないミッションを持とうと強く考える**のです。

日本を今一度せんたくいたし申候

幕末の物語は、今も多くの人々の心を打ちます。私も大好きです。

その魅力は、志士と呼ばれた若者たちの心にあります。

太平の世の中が破られ、強大な力を誇る外国勢力が次々と侵略してくる。祖国が植民地になってしまうかもしれない。その中で、自分には何ができるのか?

「日本を今一度せんたくいたし申候《もうしそうろう》」

私は、坂本龍馬のこの言葉が大好きです。

志士たちには、自分の命に変えてこの国を守りたいというミッションがあった。自分が江戸に着くのが一日遅れれば、日本の夜明けが一日遅れると東海道を走りに走った。だから心打たれる。

あとから考えれば、無知なもの、偏狭なもの、時代遅れのもの、そして時代を先どりしすぎたものもあったかもしれない。でも彼らなりに悩み、自分でミッションを構築し、それを信じ、ときにぶつかり合ったからこそ、この時代は他の日本史にはない輝きを放っています。

彼らはそのとき、自分の出世や金儲けを考えたでしょうか？　それどころか、命すら惜しんではいませんでした。龍馬も高杉も、きっと大変だっただろうけれど、すばらしい人生だったと思っていたに違いありません。

翻って平成の今、私は少なからず「義憤」を感じています。

頭がよくて、うまく立ち回る人が高いポストを得ている。肩書きにものを言わせて自分の利益や保身ばかり考えている。

一方で、崇高なミッションに燃えていても、ずっと報われずに、しかし確実に世の中のためになっていると一隅を守っている人たちがいる。

形だけ、表面上ばかりが大切にされる社会に、アニータのように矛盾を感じるのです。創業経営者は、ある意味とてもわかりやすい。創業経営者は会社そのものであり、また創業者のミッションがそのまま会社のミッションになる。

しかし、私は創業経営者ではありませんし、この本の読者の多くもそうだと思います。だからこそ、**自分を会社にたとえたら、どんなミッションで自分を運営していくのかを、まず考えてほしいのです。**すると、何をするのか、どんな会社で働くのか、どういう形で働くのかについても、答えが見えてくるはずです。

安定しているから正社員になりたい。クビにならないから公務員になりたい。こういった発想が残念なのは、ミッションがないことです。

会社員であるか、フリーランスであるか、起業家であるかは、問題ではありません。**大切なことは、ミッションを持ち、社会をよくする一翼を担うこと。**そうしてがんばっている人を、人々はきっと支持するはずです。

ミッションがある人はがんばれる

2012年の初夏、オウム真理教事件を詳しく追った番組が放送されました。私はそれを観ながら、以前に読んだ京セラの創業者、稲盛和夫さんの著書『心を高める、経営を伸ばす』（PHP研究所）に書かれていた、有名な公式を思い出しました。

人生・仕事の結果＝考え方×熱意×能力

私は初め、この公式がピンときませんでした。

ところが、犯罪史上に残る凶悪で異様な、オウム真理教事件を考えたとき、納得したのです。

オウム真理教に集った人たちは、若くて優秀な人。超一流大学を出て非常に高い「能力」を持った人が多かったことが特徴です。オウム真理教を広げたいという強烈な「熱意」を持ちながら、「ネガティブな考え方」がかけ合わされた。すばらしい熱意と能力があっても間違った世の中に対してマイナスの考え方（つまり間違ったミッション）を持ったために、大きなマイナスの結果を社会にもたらしてしまった。

オウムは優秀な若い人の熱意によって「大きなマイナス」を、歴史上に残してしまいました。

私は、ひとりでも多くの人が、自分の頭で構築したミッションを持ってほしいという思いを込めて、この本を書いています。

ミッションを持った人は、がんばれるのです。

経営者やリーダーには、ミッション、ビジョン、パッションが必要と言われるけれど、もっとも大切なのはミッションだと述べました。すばらしいミッションを持つことができれば、明確なビジョンができるし、強いパッションもわき上がってくる。

私たちはそれぞれ、心の中で遠い行き先を見つめています。その道しるべがミッションです。そして、そこにどうすればたどり着けるか、どういう手段で到達するかという具体的な計画が、ビジョンです。

どうも最近情熱を感じない、という方は、ミッションがないか、あるいは忘れてしまっていないか、もう一度振り返ってみてください。

ここまでお読みいただき、「では、どうすれば自分のミッションが見つかるのか……」と悩み始めた人もいるかもしれません。次章では、自分のミッションを作るための７つのヒントについて見ていきます。

MISS

第5章

自分のミッションを作る 7つのヒント

ION

地上におけるあなたの使命が
終わったかどうかを知るテストをしてみよう。
もしもあなたがまだ生きているのであれば、
それは終わっていない。

——リチャード・バック（アメリカの小説家）

ミッションを作る7つのヒント

本章の目的は、あなたのミッションを構築するお手伝いをすることです。

私は、あなたにミッションを与えることはできません。あなたのミッションはあなた自身が考えるしかないのです。言うまでもなく、ミッションとは生き方だからです。あなたの人生は、あなたのもの。私ができるのは、あくまでミッションを構築するためのヒントを示すことです。

ヒント1　働き方ではなく、働く目的を考える

私たちは、人としてこの世に生を受け、それぞれのミッションを持ち、その達成のために命を燃やすのであって、その際に会社員であるのか、経営者であるのか、フリーランスであるのかは、二次的、三次的な問題に過ぎません。

大切なのは、世の中をよくするために、心の底からわき出てくる使命感です。人の価値は、決して肩書きや預金残高で決まるわけではない。

私は、ゲーテの次の言葉が大好きです。

「人間は努力する限り悩むものだ」

ミッションを構築し、それを実現しようとしていく過程では、悩みがつきものです。でもゲーテにそう言ってもらえると、努力しているから悩んでいるのだ、とポジティブにとらえることができます。

悩んでいる状態はつらいかもしれないけれど、ミッションを作る正しい手順の中に立っていることの証明と考えてほしいのです。

ヒント2　自分、ミッション、会社は三位一体で成長する

私が大学生の頃、ミッションなんて考えたこともありませんでした。

本当は、大学ＯＢの誘いを受けてある都市銀行に進むはずだったのですが、お断りするつもりで会った日産自動車の大学ＯＢの方に一目惚れしてしまい、日産自動車に入社しました。

確かにクルマや、当時取り組んでいたロケットには興味がありましたが、結局最後は「人との出会い」で決めました。世の中のことなんて何も知らず、自分の適性もわからず、ただ出会いだけで会社を選んだのです。自分のミッションどころか、その言葉さえ知りませんでした。

でも、だれでもそうなのです。あのミッションのかたまりだったアニータ・ロディックでさえ、最初は生きていく生活の糧としてザ・ボディショップを始めました。

彼女の生い立ちを読むと、12歳のときに初めて反戦活動をした、デモに行った、『アンネの日記』を読んで感動した、などと書かれていて、もともと社会問題に興味があったようです。

しかし、ザ・ボディショップを始めた理由は、夫のゴードン・ロディックと自分の家族でホテルを経営していたのに、突然ゴードンが2年間家族を残してアメリカ縦断の馬の旅に出かけると言い始め、ひとりでは子育てとホテルを両立できないため、営業時間の決まっている小売りを始めようと思っただけです。それが、たまたま化粧品でした。

特徴ある容器は、尿検査用のボトルの余り。空きボトルへの詰め替え（リフィル）は、新しいボトルを仕入れるお金がなかったから。コーポレートカラーがグリーンなのは、とりあえず借りた店が汚くて色を塗ろうとしたとき、たまたまペンキ屋にあった色が緑だったから。

今では、ザ・ボディショップのミッションとなっているファイブ・バリューズだって、徐々にできてきたもの。アニータは何のかっこもつけず、ありのままを書いています。

ハワード・シュルツも、最初から人々の心を豊かにしたいと思っていたわけではなくて、エスプレッソコーヒーに魅せられて、スターバックスに参加します。

アニータもハワードも会社の成長とともに自身も成長していきました。そしてより大きなミッションを構築していったのです。自分自身も、ミッションも、そして会社も、三位一体で大きくなり、成長していく。

だから、**今の時点でミッションがないことを恥じる必要はどこにもありません。**

自分のミッション、つまり今生かされている理由を考え続けることこそが大切です。

ヒント3 「私」を無くす

ミッションを構築するにあたって、私自身が重要だと考えるのは、無私、つまり「私」を無くすことです。

ここで言う「私」とは、たとえば自分の出世のためや、お金儲けをしようといったたぐいの気持ちです。

自分の営利栄達ではなく、何らかの形で世の中をよくしていこう、人のためになることをしようという志（ミッション）を定めたなら、思い切ってビジネスを始めてみればいいと思います。

会社員として企業の中で生きていると、ミッションを見つけることは、確かに簡単なことではありません。仮に見つかっても企業のミッションと自分のミッションをどう折り合いをつけるか悩みます。それらが一致していたらどんなに幸せでしょうか。

しかし、ミッションを作るにあたって自分の心に聞いてみれば、そこに「私」があるのかないのかは明確にわかります。自分だけは絶対にごまかせません。

自分の気持ちが、「世の中をよくするためだ」と信じられるかどうか。そう思えるなら、前に進めばいいのです。

ヒント４　３つの輪は何か考える

私の大好きな名著『ビジョナリー・カンパニー』には、「ハリネズミの概念」というものが登場します。そこでは、3つの輪が互いに重なっています。

3つの輪のひとつ目は、**「情熱を持って取り組めること」**。ふたつ目は**「世界一になれること」**。そして最後は**「経済的原動力になるもの」**。

企業や経営者は、この3つの輪が重なり合う部分をミッション、あるいは目標にすればよいとしています。

私は経営者として、これを読むたびに、自分の経験と照らしても「なるほど」と合点がいくことが書かれています。

そして、ふとあるとき、この3つの輪は、個人のミッションについても同じではないかと思ったのです。

先ほどの3つの輪を構成する要素を、個人のために置き換えて考えてみます。

まずひとつ目の輪は、**「情熱を持って取り組めること→好きなこと」**。

ふたつ目の輪は**「世界一になれること→得意なこと」**。

そして3つ目は、**「経済的原動力になるもの→何か人のためになること」**。

この3つが重なる部分であれば、経済的な原動力となり、その対価として報酬をいただくことができるわけです。

3つの輪が
重なる部分が
あなたのミッション

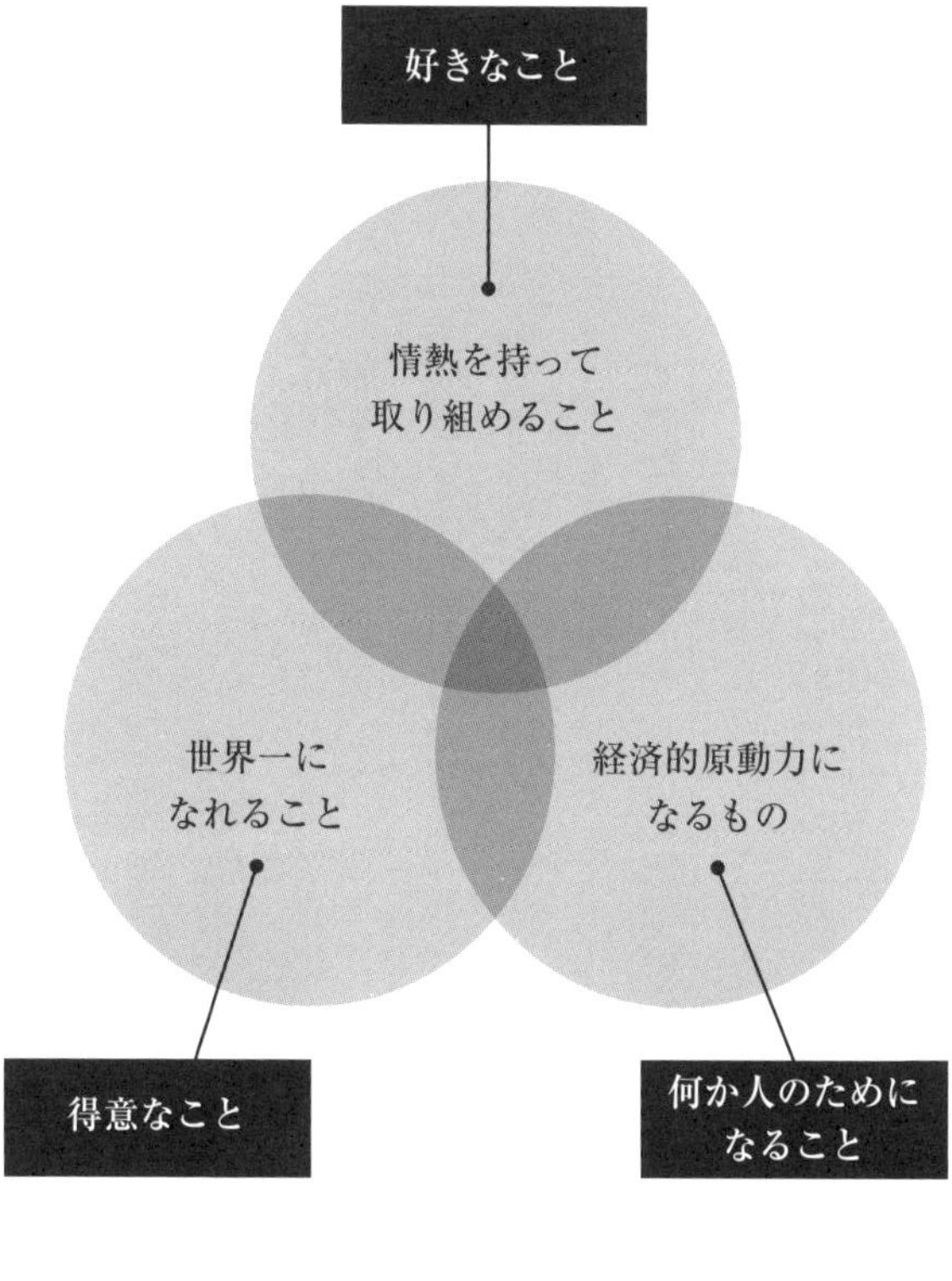

野球と私を例にして考えてみます。

まず、私は野球が大好きで、情熱を持っています。これがひとつ目の輪。一応大学野球までやりましたから、人よりは野球が得意です。これがふたつ目の輪。

ただ、残念なことに、私のプレーレベルではお金を払ってくれる人は、だれもいません。したがって、人の役には立てません。3つ目の輪は描けない。

私は野球が好きで、得意でもある。この時点でふたつの輪が重なった枠の中には入るけれど、3つ目の要素は満たせない。だから趣味の範疇《はんちゅう》を超えないのです。

では、イチロー選手の場合はどうでしょう。もちろん野球は好きで、大得意。そしてお金を払ってでもプレーを見たい人がいる。イチロー選手のプレーを見ていると、気持ちがよくなったり、ワクワクしたりするという価値が生まれます。

だからイチロー選手にとっての野球は、3つの輪が重なり合う真ん中のゾーンにあてはまります。イチロー選手は、野球でいいプレーをすることをミッションにしていると思います。

私の今のミッションは、「リーダーシップ教育」を通じて日本の次世代のリーダーや経営者を育てることです。私はリーダーシップについて考えるのが昔から好きで、関連する本をたくさん読み、自分でも経営者としての経験を積んで、一応の実績を挙げてきました。こうして自分の経験や考えを伝えるために、本を書いたり、講演をしたりしてお金をいただいています。私にとって「リーダーシップ教育」こそが、３つの輪の重なる部分なのです。

あなたも、自分の３つの輪の重なりは何かをぜひ考え続けてください。

ヒント5　ミッション探し、自分探しの旅はずっと続く

私は50歳を超えて初めて３つの輪を探し、自分のミッションを見つけました。そして、ザ・ボディショップやスターバックスのときに考えていた人生の目標と、現在の目標は、同じではありません。

ミッションは、一度構築したら終わりではない。働き続ける限り、いや生きている限り、ずっと考え続けるものであり、また考え続けることが大切なのです。

結論は、変わってもいいのです。それは、あなた自身の変化と成長の証なのですから。

それよりも大切なのは、ミッションを考え、3つの輪を意識し続けることです。

ミッション探し、自分探しの旅はずっと続きます。

アニータやハワードをはじめ、成功者と呼ばれる人たち、そして世界的なブランドを確固たるものにしている企業には、明確なミッションがあり、そこで働く人たちは強烈な使命感を持っています。

しかし、みなさんの中には、自分が勤務している会社には明確なミッションなどないと言う方が少なからずいるかもしれません。

でも、**個人のミッションは、会社のミッションと必ずしも100％イコールである必要はありません。**経営者でも、リーダーでも一般的な社員でも、常に3つの輪を見つめ、追い続け、更新し続けること。それこそがミッションです。自分は社会にどう貢献したいのか？　考え続けてください。

ヒント6　自分の存在を肯定する

私にも不遇な時代もありました。ノイローゼになりかけた時期もありました。

それでも、「いつか絶対、歴史が自分を必要とするときがやってくる」と自分を励まし歩んで来ました。

時々「ミッションを持つなんて……生きていくのに精一杯」という人もいます。でも、そうではありません。

アニータ・ロディックは、自分の存在をちっぽけだと揶揄《やゆ》する人々に向けて、こう言っています。

「自分の存在が小さすぎて影響力などあるわけがないと思う人は、蚊と一緒に寝てみたら？」（夜中に蚊のブーンという羽音に悩まされた人は多いでしょう）

ひとりひとりに、この世に生まれてきた意味がきっとあるはずです。何のために、だれのために尽くすべきなのか、内なる心の声に耳を傾けてください。

ヒント7 「自分はまだまだ」の気持ちが成長を加速する

一度構築したミッションを成長させ、進化させていく原動力は、謙虚さではないかと考えます。

それは、**謙虚さこそが、勉強し続け自分を磨いていくために必要な栄養素だからです。**

それがなくなれば、成長も止まってしまいます。

功なり名を遂げ、たとえば創業した会社の株式を上場させた。億単位のお金も手に入った。そこで止まってしまう人は、要するに謙虚さをお金と引き換えに売り渡してしまったのです。

しかし、そこで「自分はまだまだ……」と思えた人は次のステップに進んでいきます。

高い志を持ち続けることは、謙虚さを併せ持つことです。

尊い教えであろうと、聴く人によって糧にもなり、馬鹿にされたとひねくれてとらえる人もいます。松下幸之助さんも、経営者やリーダーは「素直な心」が一番大切と教えているのです。

信じた道をゆけ！

今、私は悟りを開いたお坊様のような心境です。何が私の精神を安定させているのか。

それは、確固としたミッションができたからです。自分のミッションをベースにして、今やっていることが本当に正しい方向に向かっているのかを考え、そうでなければ軌道修正します。

自分のミッションを構築すれば、現在のポジションやポストを、ミッションを実現するためのあくまで手段にすぎないという見方ができるようになります。

その逆はダメです。高いポジションやポストにつくこと自体をミッションにしては、その地位にしがみつこうと余裕をなくしてしまいます。

自分のミッションに到達するまでにたどる道筋は、決して1本ではない。そしてミッションがあるからこそがんばれ、スキルもみるみる身についていく。

世のため、人のため。

社会のため、お客様のため。

そして火花が輝く一瞬に集中するため。

そのためにできることは、一体何でしょうか?

大きなゴールのためなら、多少目をつぶれる余裕も生まれます。どうしてもがまんできなければ、そして自分の構築したミッションを危うくするものなら、給与やポジション、目先の利益に惑わされずに迷わず信じた道を進んでください。

MISSION

第6章

火花散らすリーダーの8つの習慣

成果をあげる人とあげない人の差は才能ではない。
いくつかの習慣的な姿勢と、基礎的な方法を
身につけているかどうかの問題である。
——ピーター・ドラッカー

ピッチャーとサード、どっちが偉いか？

自分のミッションを実現するためには、必ず周囲のサポートが必要になります。その極めて典型的な例が、企業の活動です。会社のミッションを成就させるには、社員のサポートが必要になる。そして、社員それぞれのミッションが、会社のミッションと共鳴できれば最高です。

私は社長、役員を経験してきましたが、だからと言って自分がえらいなどと思ったことはありません。野球で言えばサードとピッチャー、どちらがえらいか議論しても意味がないのと同じです。ライトもベンチの人もいて初めて試合ができる。そこに上下関係などないのです。

会社でもミッションを実現するために、お店で、物流センターで、本部で、そして社長室でそれぞれのポジションを守っているに過ぎません。

ここからは、私がいろいろと壁にぶつかりながら社長業で得てきた、人を巻き込むヒントをご紹介していきます。

火花を見逃さないリーダーの8つの習慣

習慣1　リーダーは御用聞きと心得る

私がリーダーの役割でもっとも大切だと考えるのは、御用聞きです。

最近どう？

元気？

何か困ったことはない？

現場にそう聞いて回る。それこそがリーダーの仕事です。

これが社長の場合はなおさらです。何か問題が起きたとき、もっとも強い解決能力を持っているのですから。しかし、社員は最初から心を開いてくれるわけではありません。相手が社長だから緊張しているということもあるでしょうが、基本的にはだれも、いきなり本音を話したりはしません。粘り強く、何度もアプローチを続けるのが上に立つ人の大切な役目です。

すると、だんだんリクエストが出てくるようになります。電球が切れたので変えてほしい。排水口が臭う。もう3か月も前からお願いしているのに対処してくれない。

するると私は、その場で関係部署に電話をかけて対応を依頼します。

社長がそんなことまでする必要はない、という声も聞かれました。しかし私はやめなかった。なぜなら、**社長が現場の声を聞いて直ちに動くことで、現場の人たちは社長も自分たちのことをきちんと気にかけていると知ってもらいたいからです。本来の担当者にも、私の代わりに同じことをしてほしいと思うからです。**

そして、これは個別に困っている問題に対して、経営者が本気で一緒に考えてくれているというメッセージになるのです。

習慣2　リーダーにしかできないことをする

私はアトラスで初めて社長になってから、原則として、**名刺を交換したすべての方にお礼状を書いていました。**秘書さんにサポートしてもらいながら、パーティーでも、勉強会でも、相手がどのような立場の方であろうと、必ず自筆でサインをした手紙をお送りしていました。

そして、ザ・ボディショップやスターバックスで新しいお店がオープンするときは、開店セレモニーに出席するだけでなく、できるだけ店長さんを連れて、新店のＭＳＲ（〝向う　三軒　両隣り〟のお店）の「ご近所さん」に挨拶に行き、帰社後さらにお礼状を出していました。

特にスターバックスがショッピングモールなどにあとから出店すると、既存のテナントからいやがられることもあります。世界的なブランドでお客様の集客力があるのだから歓迎されそうですが、反面少しでも似ている業種では、お客様を奪われかねないと警戒しているのです。

あるお店の店長さんが商店会などで冷たくされているという話を聞きました。私は出張のついでに、そのモールに行き、店長さんと一緒にそれらのお店を一軒一軒回ったことがあります。そこで挨拶に現れた現場の責任者の方と名刺交換し、お礼状まで出す。こうすることが、新しい店舗をサポートするための援護射撃になると思ったのです。

習慣3　ラブレターのようにマネジメントレターを書く

ザ・ボディショップは私が離れる時点で１７５店舗まで拡大しました。スターバックスに至っては、就任当初で８００店舗以上のお店が存在し、退職時には９００店舗に近づいていました。

できることならそのすべてを巡回し、お店のみなさんと話をしたいと思っていましたが、それはかないません。もちろん地域ごとに店長に集まってもらうミーティング（ラウンドテーブル）をできるだけ多く行う努力をしていました。

私の考え、メッセージ、そして会社のミッションを伝える手段は、マネジメントレター（全パートナーに送るメール）でした。ザ・ボディショップのときは毎週1回、スターバックスでは月に1回、さらに何かニュースがあったときに臨時発行していて、月2回ほど書いていました。

私にとって、**マネジメントレターは、遠くに住む恋人に送るラブレターのようなものでした。**

たくさんのお店があり、距離的にも離れています。お店のみなさんに簡単に会いに行くことはできない。私の思いを直接伝えたいけれど、なかなか会えない。

一方お店のみなさんも、本部の様子がわからない。今社長は何を考えているのか、何が会社の問題なのか、これからどこを目指しているのか、今どのような状態なのか。

私は、**できるだけ詳しく会社の現状を記し、最近あったいいこと、そして現状の問題と**

取り組みを書きました。アニータやハワード・シュルツに会って話せばその内容を伝え、ミッションこそがブランドを形作る、というような、この本でも何度も繰り返している話を毎回訴えたのです。

お店回りをしていると、マネジメントレターを読んでくれたお店の店長さんたちから、声をかけられるようになりました。いつも楽しみにしています、忘れかけていたミッションを再認識できた、といったうれしい言葉をくれるのです。

つい最近ザ・ボディショップの人から連絡をいただき、こう言われました。

「岩田さんは毎回、レターの一番最後を『ありがとうございました』と締めくくってくださいましたよね。あれ、とても心に響いていました」

スターバックスの店舗の前で交通事故を起こしてしまった女性に1杯のコーヒーをお出ししたパートナーは、その当時起こった西日本での災害を見た私が、「困った人を見かけたら手を差し伸べてほしい。スターバックスの社員である前に人間として正しい判断をしてほしい。私は必ずそれを支持する」と綴ったレターを読んでくれていたと思います。

社長は経営全般を見ることが大切な仕事です。売り上げ150億円、あるいは900億円。前年比何％増。営業利益率は？　SPH（時間当たり人時生産性）は？　一株当たり利益は？　株価は？　それらのことは経営者として頭に入れておくことは大切です。しかしそれ以上に自分の思いをみんなにどう伝えるのか、みんなの思いをどう感じとっていくのか？　それこそが一番大切な仕事だと思います。

数字や指標が大切なことは否定しない。しかし、**たとえ売り上げが何百億円であろうと、それは300円のコーヒー、1000円のボディシャンプーの積み重ねでしかない。何億回もの火花がお店で輝いた結果初めて形作られているのです。**だから私は、お店の人たちに気持ちを込めてレターを贈り続けたのです。

習慣4　背景と意義を必ず説明する

立場が上になればなるほど、リーダーの重要な役割は、いかに人に仕事をしてもらうかということになります。

私は指示やお願いをするとき、できるだけその背景にある意図や、意義を説明するように心がけていました。

A：「このデータ、前期、前々期と比較して表を作って、30部コピーしておいて」

B：「このデータ、明日の○○ブロックの店長会議で使いたいんだ。前期、前々期と比較して表を作ってほしいんだけど、店長さんたちを元気づけるために伸びが強調できるようにしておいて。みんな喜ぶだろうから。今聞いている参加者は30名だけど、必要分コピーしておいてね」

AとB、しゃべる時間の差はせいぜい10秒。しかしBのほうは、自分が与えられた仕事が持っている意味、それがどういう形で社業にかかわっているのかをはるかに理解しやすいはずです。

ちょっとでいいので、背景や意義を説明しておくと、**相手はモチベーションがわき、仕事の優先度合い、要求されているクオリティのレベルを判断できる**のです。これは、クセさえつけてしまえばそれほど難しいことではありません。

マネジメントレターとも共通しますが、私は、**よきリーダーはよき説明者である**と考えています。

せっかくミッションを持ち、目標を掲げて走っていても、今どのあたりを走っているのか、スピードはどのくらい出ているのか、もっとよいやり方はないのか、自分は全体に貢献できているのかを知りたくなるし、知らされるほうが、目標に向かおうとする力そのものがより強くなる。だから、数字をはじめとする情報はできるだけオープンにし、みんなで共有するほうがいいのです。

習慣5　褒めるときはみんなの前で、注意するときは個別に

リーダーに褒められるとうれしいものですが、ときとして叱らなければならないこともあります。私は、できる限り感情的になってはいけないと考えています。しかし、ビジネスとしてではなく、人間としてどうしても許せないことが起きると、普段は使わない大阪弁で怒鳴ることもたまにあります。

それはともかくとして、できるだけ心がけていることがあります。いい話、褒める話は、できるだけみんながいる前ですること。反対に、叱る場合、悪い部分を指摘して改善を促す場合はできるだけ人目を退け、個別にすることです。

そして、**開口一番怒らないように気をつけています。悪い部分がある人、ミスをしてしまった人にも、他のよい部分を褒めたり、がんばっていることに対する感謝を述べたりすることから入ります。**こうすることによって、より深い部分に言葉が届く。結局は相手の成長を促し、能力を引き出すきっかけとすることが目的だからです。

反対にいきなり悪い部分を指摘し始めると、叱られ慣れていない人ほど、自分はリーダーに嫌われている、あるいは自分の人格を否定されてしまったと考えます。他人の面前なら、恥をかかされたとも思ってしまう。もちろんそんな意図はないのですから、こうしたデメリットはできるだけ避けることが大切です。

習慣6　会議や朝礼では「いい話」から入る

会議でも朝礼でも、リーダーがみんなの前で話をするときは、できるだけいい話から入るようにしていました。お客様からこんなお礼状をいただいた、先週オープンしたお店は開店前から200名のお客様が並んでいただいた、最近行ったレストランでこんなすばらしいサービスを受けた、など会議の参加者が元気になるような話をしました。

アメリカのスターバックスで研修を受けたときに、エリア会議で「レコグニション（承認)」と言って、やっているのを見て、すぐに日本にも取り入れようと始めたのです。

とにかく何ごともいい話から始めよう、そしてポジティブな気持ちの中で意思決定を行おうと考えるようにしました。ある心理学者の本を読んでいたら、**意思決定するときにポジティブな状態で判断すると、そうではないときに比べて40%正解率が高まる**というデータを目にしました。自分の考えは間違っていなかったのです。

まず、私自身が「いい話」のネタを持っているときは、必ずその話から始めます。そして、他の参加者にも「何かいい話、ない?」と聞いて回るのです。

スターバックスは、教育やコミュニケーションにおいて「カード」を頻繁に用いています。このカードにはメモ欄があり、他のパートナーが行った「よいこと」を書き込み、相手に直接渡して褒め合うようになっています。

会社での会議は決していつも楽しいわけではありません。売り上げが下がることも、目標をクリアできないことも、そしてミスが発覚したり、クレームをつけられたりすることもある。だからと言って、会議の冒頭から各店長が目標未達の発表をし、それを社長が目を閉じて、口を真一文字にして聞いているような状況で、よいアイデアや解決策など生まれるはずがありません。

必ずポジティブな話から入り、互いの行いを褒め合うようにすれば、いきなりしかめっ面になるよりも格段に解決の糸口を手繰り寄せやすくなるはずです。

習慣7　結果ではなく過程を褒める

褒め方についても触れておきます。私がまだ若手だった頃の、忘れられない話です。日産自動車時代、セールスマンとしてクルマを売っていたと述べました。飛び込みセールスはつらい経験だったことも事実です。

当初はまさに「闇夜に鉄砲」で、お客様に話さえ聞いてもらえない。クルマはそう簡単に売れません。とにかく1日100枚チラシを配る、名刺をできるだけ多く置いてくる。ポストに入れたり、クルマのワイパーに挟んだり。マンション一棟ごと飛び込み訪問をかけたり。試行錯誤の連続は、苦くも懐かしい思い出です。

結果として、私は歴代出向者の売り上げトップ、そして粗利益ではサニー大阪の全セールスマンの2位の成績を収めることができ、日産自動車本社の社長賞、出向していた日産サニー大阪の社長賞をいただきました。

当時のサニー大阪の社長は、その後日産自動車本社の常務、つまり営業のトップにまで上り詰めた方です。その方が私を褒めてくれたとき、私は褒めていただいたことよりも、その褒め方に感動しました。

「岩田は、1年半で名刺を2万枚配った!」

クルマを何台、いくら分売ったという結果ではなく、努力の過程そのものを褒めてくれました。営業所では、当時本社からの出向者への風当たりは決してやさしいものではありませんでした。注文書の書き方などの初歩的なことすら教えてくれない。右も左もわからないのですから、最初はまったく売れませんでした。

一所懸命もがいたこと自体に光を当てる。結果ではなく、過程をしっかり見る。それはリーダーの度量です。私は今でもさすがだと思っています。

習慣8　補欠の気持ちを理解する

私は自分を「普通のおっちゃん」と述べました。そう考える根底にあるのは、学生時代の野球を通じた経験です。

大阪の北野高校では高校球児でした。大阪大学に進学後、一旦躊躇《ちゅうちょ》したものの体育会の野球部に入部し、1年の秋から試合に出るようになります。

ところが翌年、練習中にひざを痛めて走れなくなってしまい、半月板を除去する手術を受けます。治療中はずっと球拾いやノッカーといった裏方を務めていました。

リハビリを終え、本格的に練習を再開するとき、どうせゼロから出直すのだから、高校時代からやってみたかったピッチャーにチャレンジすることにしました。足腰を鍛えるためランニングと投げ込みの日々を送ります。練習後もひとりで5㎞ほどある学校の外周を走りました。

阪大は国立大学でも、当時はレベルが高く、近畿リーグの一部に所属していました。私は練習試合でもなかなか出場の機会がありませんでした。

3年の秋の最終戦当日の朝、チームメイトたちが、

「あれだけ練習しているから、岩田に一度投げさせてやってほしい」

と監督に進言してくれました。

こうして初めて日生球場（当時）の公式戦のマウンドに立ちます。

5回持たないのでは、というみんなの心配をよそに、運よく2点に抑えて完投しました。みんなにもらったワンチャンスを足がかりに、4年の春にも先発する機会を何回かもらえるようになりました。補欠でも、腐らずにやるべきことをやっていれば、だれかが見ていてくれる。

このできごとは、陽の当たらないところでもあきらめずにがんばっている人、野球で言えば球拾いも草むしりも率先して引き受け、ベンチが沈んでいれば大きな声を出して励ます人に、視線を配ろうという、今の私の意識と結びついています。

小売業におけるお店では、正社員以外にも、契約社員やアルバイトの方が多数働き、日々火花を散らしてくれています。私は、そのすべてを見ることはできないとわかっていても、どうしてもできるだけ見つめていたい。お店回りが好きな本当の理由は、案外野球部での経験に発しているのかもしれません。

ザ・ボディショップの社長に就任したばかりの頃のこと。契約社員やアルバイトは知る必要がないからと、朝礼には社員だけを出席させていることに憤慨しました。

身分なんて関係ない。会社にどれだけ貢献してくれたかによって評価するべきであって、働く形態で区分けし、差別するのはおかしい。会社で働いている人はどういう雇用形態であれ仲間だし、会社のいろいろな方向性を知っておくべきだと思いました。

面接で人を見抜く方法

リーダーになれば、人の採用にかかわる機会も増えてくるでしょう。面接についても触れておきます。私は新卒採用も含めた採用こそが、経営者にとってもっとも大切な仕事のひとつだと考えています。

特に新卒採用は、会社のカルチャーを形作る大切なポイントです。学生の視点から言えば、採用に社長自らがどれだけエネルギーをかけているかというのは、よい会社かどうかを見分けるポイントです。

ザ・ボディショップで私が新卒採用に注力したことはすでに述べましたが、とりわけ力を入れたのは会社説明会でした。東京だけでなく地方も含め、毎年20回以上行いました。そこで話したのは、ザ・ボディショップのミッションやストーリーであり、アニータの人となりです。みんな一所懸命メモをとってくれます。

その反応はすぐに現れます。説明会場の近くにあるザ・ボディショップの店舗の売り上げが伸びるのです。

入社を希望する人には、ミッションをできるだけ説明し、創業者であるアニータの生身に近い姿を知ってほしい。それに心から共鳴できる人に受けてほしい。その中から何人かが、ザ・ボディショップの仲間に加わってくれるのです。

しかし、たとえ入社してくれなくても、説明会に来てくれた学生のほとんどが、ザ・ボディショップやアニータのファンになってくれます。もしこれを店頭でやろうとすれば、お客様は逃げていってしまいます。

最終面接は、私の大切な、しかもうれしい仕事でした。

新卒の場合でも、中途採用の場合でも、決まってする質問があります。

まずは、**「あなたの強みを３つ、弱みを３つ教えてください」**です。

強みは、ほぼイコール自己ＰＲです。じつは、私が一番注目しているのは、**弱みのひとつ目**です。強みを３つ、必死にアピールしたあとの「自分の弱み」には、素直な本音が隠されているからです。

小売業なのに人とつき合うのが苦手とか、チームワークが得意でないという人は、さすがに敬遠します。
もうひとつの質問は**「あなたが今までの人生の中で一番光り輝いていたのは、どのようなときですか?」**。部活でもサークルでも、アルバイトでも何でも構わないけれど、自らがもっとも輝いていた瞬間を、どう考えているかを聞きます。それこそ、その人がもっともその人らしい火花が散った瞬間だと思うからです。

もしも宝くじで3億円当たったら……

もし私が「経営者の就職面接」の採用担当者であれば、きっとこんな問いかけをします。「もし起業するのなら、あるいはどこかの会社を経営者として任されるのなら、どんな会社を作りたいですか?」
そして、私自身のこの質問への答えはこうです。

「社員が、宝くじで3億円当たったあとでも働き続けたいと思う会社を作りたい!」

個人的に、この基準を「宝くじテスト」と呼んでいます。

もし宝くじで3億円を手に入れたら、どうしますか？　インフレがなく、よほど高い生活水準を望まなければ、預金しておいてそのまま使うだけで一生暮らしていけるお金。つまり、もうお金のために働く必要はないのです。

3億円当たってもなお働きたい。それはもはやお金のためではありません。

経営者にとっては、とてもハードルが高いけれど、究極的な会社の存在目的を示しているような気がするのです。

私が考える社長の究極の喜びはふたつあります。

まずは、**業績が絶好調で、特別賞与を払う瞬間**です。配るほうももらうほうも笑顔の洪水。とてもわかりやすい社長の喜びです。

もうひとつは、**人を育てる**という喜びです。

ザ・ボディショップの会社説明会では、学生たちに向けて入社2年目の若手社員にも話をしてもらうようにしました。私はそれを横で聞いていて、うれしくて泣きそうになったことが何度もあります。

少し前までは、不安げに話を聞いている学生の立場だったのに、面接で緊張して、言葉に詰まっていたのに、今こうして自信を持って、笑顔で会社のことを話してくれている。人って、短期間でこんなに成長するものなのか。

リーダーとしてその瞬間に立ち会える充実感は、かけがえのないものです。

スターバックス大学

知り合いを通して、間接的にお礼を言われたことがあります。

「私の娘は、大学の3年間、スターバックスでいろいろなことを勉強させてもらいました。娘は、就職するので、スターバックスを卒業していきます。彼女は私から見ても明らかに成長しました。心から御礼を申し上げたいのです」

スターバックスは、コーヒーの販売を通して人々の心を豊かで活力あるものにするために活動しています。従業員はアルバイトまで含めると2万人を超えます。

こうしてお店では毎年多くの学生さんが成長して巣立ってくれている様子を見ると、こう考えるようになりました。

「スターバックスは人を育てる学校なのではないか、そして私はスターバックス大学の学長なのではないか」

何しろ、コーヒーを通じて「人々の心を豊かで活力あるものにする」ことがミッションなのです。ミッションの大切さを学んだ彼女たちはやがて世界中に散り、どこかで人々の心を豊かにし続ける。社会に貢献してくれる。

当のスターバックス大学は、学費を取らないばかりか、給料まで払う！　最高の社会貢献ではありませんか。

もちろん企業ですから、雇用を創出し、賃金を払い、利益を出すことが求められます。そのうえで人作りまで努力する。

もはや、新卒学生の就職戦線において、スターバックスでアルバイトをしていたということそのものが、ひとつのブランドになっています。就職にもかなり有利に働いているようです。

人を魅了するアニータのプレゼンテーション

リーダーはときとしてプレゼンテーションをする必要に迫られます。社内での大きな会議、外部に向けての新製品発表、決算説明などです。

しかし私には、残念ながらみなさんにプレゼンの極意を説明できるような資格はありません。それには理由があります。

コンサルティング会社に勤めてクライアントへのプレゼンを数多くこなし、アトラスの社長になって投資家向けのプレゼンもしていて少し自信がついた頃です。ある説明会の席上、私はそれなりに準備していたつもりで、壇上に立った瞬間、何十人の記者たちからカメラのフラッシュをたかれ、頭の中が真っ白になってしまい、しどろもどろになるという悲惨な結果になってしまった失態経験の持ち主です。

だから私が言えるのはふたつだけ。プレゼンをするときには、たとえ100％話す内容を理解していても、**事前に十分準備し原稿を作成すること。そして、必ず会場を下見し、予行演習をしておくこと**です。

代わりに、私が事前の準備段階を含めて間近で見る機会を得た、アニータ・ロディックのプレゼン術をご紹介します。

第2章で述べたとおり、アニータと私が初めて会ったとき、彼女が東京に来た目的のひとつは、「ドメスティック・バイオレンス・イン・ザ・ホーム」という家庭内暴力（ドメスティック・バイオレンス＝DV）防止のキャンペーンでスピーチをすることでした。また大企業のCSR責任者に対するプレゼンテーションの日程も控えていました。

東京にやって来た彼女は、まず聴衆の層を確認します。当初は一般人に近いと考えていたのに、どうも役職が高く専門家がほとんどらしいと知って、時差ボケの中、前日の深夜までロンドンとやりとりして、資料をすべて作り直していたのです。

資料の見せ方も独特でした。まず、わかりやすい数字へのこだわり。たとえば、**世界中で3人に1人がDVの被害にあっている**、という事実を大きく見せるとき、**「数字を大きく描きなさい」**などと担当者に極めて細かい指示をしていました。普段は冗談ばかり言っているのに、本番になり、壇上に立つと、人が変わったようにキリッと戦闘モードになります。

しっかり演出面も考えられているのです。

でも、アニータのような有名人でプレゼン上手なら、普通に話すだけで聴衆は満足するはず。どうして夜中まで準備をするのか不思議でした。翌日プレゼンが終わってから、どこからそんな元気がわき出てくるの？と聞いてみました。

アニータの答えはこうでした。

「アンガー（怒り）があるからよ」

彼女のミッションは、社会に対する怒りを原動力としている。だから、普段はニコニコしていても、プレゼンに入った瞬間に人が変わるのです。

一方で、ハワード・シュルツのプレゼンテーションは、とても感動的で、人を魅了します。彼も、スティーブ・ジョブズと同様、結構な長時間のプレゼンでも原稿を一切読みません。しかも彼の言葉や立ち居振る舞い、間のとり方は、聴く人の心を鷲づかみにするのです。

私が見る限り、**ハワードは、場の雰囲気を読みながら、その場その場で言葉を選び、ゆ**

るぎない自信を持って話をしていると感じます。
もちろん人間ですから、場数を踏むことも重要です。
しかし本質は、確固としたコンテンツがあるかないかと、事前準備です。
伝わる、とはそういうことなのだと思います。
心からあふれ出たものは、相手の心に注ぎ込まれるのです。

第 7 章

ミッションを育てる
時間術、勉強法、読書術

ひとつのことを、一生やり続けられると、確信する日がくる。

——スティーブ・ジョブズ

時間を有効活用する7つのポイント

「本日、ミッションの大切さはよく理解しました。これからビジネスパーソンとして成長するために何か具体的なアドバイスはあるでしょうか？」

これは、講演でよく受ける質問です。最後の章では、この点について書いていきます。

まずは、時間の使い方です。

この本の読者で、時間があり余って仕方がないという方は少ないでしょう。その限られた時間を、自分のミッションのためにどう使えばいいのかは、切実な問題です。

これからご紹介する事例は、すべて私自身が経験したことや、実践していることです。

これが正解かどうかはわかりませんが、ヒントになれば幸いです。

1　時間の記録をつける

忙しい、時間がないと感じているビジネスパーソンがまずしなければいけないのは、自分の時間の使い方を管理することです。

「測れないものは管理できない」。管理するには、まず現状を把握しなければなりません。したがってすぐに始めたいのは、**自分の24時間を、1週間を、何にどれだけ使っているのかを記録し、分析してみること**です。

あるベンチャー経営者のコンサルティングをしていて、時間の使い方で問題だと思っていることを聞いてみると、「メールなどの処理、対応に1日2時間近い時間をとられて困っている」ということでした。そこで大雑把に記録をつけてもらうと、**実際は2時間どころか、6時間も使っていた**ことがわかりました。その経営者が真剣にメール処理時間の短縮に取り組んだのは、言うまでもありません。

私個人が本当にラッキーだったのは、日産自動車で初めにした仕事が、工場の生産管理部門だったことです。

ストップウォッチを片手に、ひとつの作業が何分、何秒かかるのかを測定し、無駄を省くアイデアを出していきます。わかりやすくたとえれば、エレベーターに乗るとき、行き先階のボタンを押してから「閉」のボタンを押すか、まず「閉」を押してから行き先階のボタンを押すかの違い。後者のほうが0・何秒かの時間の節約になります。こういった細かな積み重ねが、年間単位で何時間になり、人生において全体で見れば何百時間にも相当します。無駄な時間を除いて常に作業の効率性を意識することを習慣にすることが大切です。ドラッカーによれば、近代経営学の始まりは、経営学者フレデリック・テイラーの動作研究（科学的管理法）からのようです。経営者も、リーダーも、まずは自分の時間管理からなのです。

もちろん、経営者やデスクワーク中心の人が0・1秒単位で時間を切り詰める必要はない。しかし、一度客観的に、定量的に時間の使い方を計測し、実際の姿を把握、分析してみることが、時間を管理するうえでの出発点であることを覚えておいてほしいのです。

2　切り替え時間を早くする

ひとつのことを終え、次のことに取り組むまでにとても時間のかかる人がいます。すぐに切り替えて次の仕事をすればよいのにと思ってしまいます。私自身は切り替えが早いほうです。前の予定を終えたらすぐ次の仕事を始める。食事を済ませればすぐに次のことにとりかかる。ちょっと空き時間ができればすぐ本を読み出す。

何しろ根が体育会系ですから、だらだらしようという気持ちそのものがありません。高校野球では、勉強との両立が当たり前。時間を有効活用することは、この頃から鍛えられたような気がします。どこにもだらっとする余裕はありませんでした。

たとえば、飲み会の2次会3次会など、もうみんな酔っぱらって何を話したかさえ覚えていない……。それ自体が楽しみの人も多いと思いますが、もし情報交換や親睦が目的なら、1次会で充分な気がします。

3　細切れの時間はインプットにあてる

時間は限りある資源で再生不可能な資源であると同時に、お金持ちにも貧乏な人にも、経営者にも学生にも、頭のよい人にも悪い人にも極めて平等に存在するものです。同様に、通勤時間やトイレ、入浴中、待ち合わせ時間といった細切れ時間も、だれにも当たり前のように存在しています。

さらに、忙しい人、つまり1日にいくつもの予定が入っている人ほど、予定と予定の間に細切れの空白ができやすくなってしまいます。これを、ぜひ有効活用しましょう。

まず私は大原則として、**細切れ時間をいろいろなことの整理に使っています。**

整理とは、いらなくなったものを捨てること（人員整理は悲しい言葉ですね）。私の場合、細切れの時間はメールの整理などに使います。そのために、スマートフォンをPCメールと連動させ、メールの整理を始めます。

大切な考えごとには、時間をかけたい。細切れの時間で考え始めても、アイデアがわき出し始めたちょうどいいところで、突然思考を切断しなければならなくなることがほとんどです。記録もろくにとれませんから、何もしなかったのと大差がなくなってしまう。

トイレや入浴などの決まったシーンでは、テーマを決めます。お風呂ではゴルフ雑誌、トイレでは難しい本（便秘になってしまうかな……）。家族には「そこまでしなくても……」と言われてしまうのですが、どうしてもやめられません。

イメージとしては、細切れの時間は、あとでじっくり思考する時間確保のための時間の貯金です。ちょっとした机の整理、領収書の整理などでも構いません。

4　まとまった「考えごと」の時間を作る

一方で、私はどれだけ忙しくても、「考えごと専用」のまとまった時間を確保するようにしています。できれば頭の冴えている午前中にします。これは、余程の事態が起こらない限り動かしません。アポイントも緊急以外は入れません。

いつも秘書さんには、少なくとも**2週間に1回、最低3時間程度、できれば半日くらいの「考えごと専用時間」を確保してほしい**とお願いすることにしていました。可能であれば、決まった曜日の決まった時間帯を充ててしまうようにすると、自分も秘書さんも管理しやすくなります。

前の項でも説明したとおりで、考えごとは、まとまった時間に、とことん、結論を得るまでひたすら突き詰めるほうがいいでしょう。アウトプットのメモも存分に残せます。自分の考えをまとめたり、何かにアウトプットしたりするには、まとまった「考えごと専用時間」がぜひとも必要です。

5 スケジュールの刻み方をパターン化する

「考えごと専用時間」とも共通しますが、曜日、そして時間帯によって、アポイントのパターン、色合いを決めてしまうと、意外に効率がよくなります。

具体的に説明します。人によって、頭の冴えている黄金の時間帯と、眠くなる魔の時間帯があります。たとえば、私は頭の冴えている午前中は重要な仕事に回し、午後は面談や会議など受動的なことに時間を使う。または、水曜日は会議や人と会う約束を詰め込む代わり、木曜日は絶対に人と会わず、午前中は「考えごと専用時間」にする、といった具合です。

まんべんなく、ただ空き時間にスケジュールを組み込むより、このほうが全体にメリハリが効いてきます。そして、**スケジュールに追われているのではなく、自分で能動的に時間を使っている感覚になれる。**これは、特に自分は忙殺されていると思う人にこそおすすめです。

6 どんなに多忙でも、睡眠時間・リズムは常に一定

私は夜12時に寝て、朝6時半に起きるようにしています。夜12時の時点で寝ているかいないかが、翌日の生産性に大きく影響します。

こうすると、睡眠時間は6時間ちょっと。たまに1時に寝て9時に起きたりしますが、いつもより2時間余計に寝ているはずなのに、その日のほうが明らかに頭の生産性が落ちます。むしろ、12時に寝て5時に起きるほうが、まだよい気がします。

もっとも、これは私だけの話かもしれない。しかし、決してしてはいけないのは、忙しいからと言って夜更かしをしたり、極端に睡眠時間を削ったりすることです。

ある日は、試験近くだったり、まとまった仕事をこなしたりするために、3時間睡眠でがんばったとします。しかし、その翌日は明らかにつらいし、結局その晩はいつも以上に長時間睡眠することを余儀なくされます。翌日1日ボーッとなる。

どこかで夜更かしして5〜6時間ほど時間を稼いでも、あとからそれ以上の時間を失ってしまうのです。それならば、忙しかろうと暇だろうと、一定のリズム、一定の周期で生活し続けるほうが長期的に時間を有効活用できます。

また私はコーヒーが大好きですが、規律として午後3時以降は飲みません。こう言うと、「スターバックスのCEOだったのに飲まないんですか⁉」とおもしろがられますが、コーヒーを飲むと夜の寝つきが悪くなってしまうのです。またコーヒーは1日2杯までと決めています。こうした自分なりの規律を守ることで、結果的により効率的に仕事ができるようになります。

7　会議は2時間以内と決める

会議は、必ず終了時刻を決めます。ザ・ボディショップやスターバックスのときは、原則2時間以上の会議は禁止、どうしてもそれよりも長くなる場合は、少なくとも2時間サイクルで必ず休憩を入れるようにしました。

とにかく、終了時刻や休憩時刻を決めない会議は最悪です。子どもの頃、なぜ学校の授業は50分だったのか。なぜ大学の講義は1時間半なのか。**集中力が続かない**からです。それは大人になっても同じ。仕事として取り組んでいる場合でも、2時間話し合うと集中力が切れ、議題の蒸し返しや堂々巡りが始まり、心底疲れて次の仕事にも悪影響が出てしまいます。

インプットとアウトプットを続けるための5つの覚悟

次に、インプットとアウトプットを続けるために、私が心がけていることを述べていきます。読書については、このあとに別の項目でまとめます。

1　自慢話がバロメーター

まず、私が強く伝えたいのは、ありきたりなアドバイスですが、勉強をし続けることやインプットを持続することは、極めて大切だということです。知らないことを知る、最先端のニュースや情報に触れる、自分とは違う考え方に親しむ。こうしたよい習慣を、絶えず続けられているかどうかが大切です。

気をつけないといけないのが、自慢話です。**自慢話をするということは、現状に満足してしまっている証拠です。**こうなるとインプットや勉強がおろそかになってしまいます。

伸び続ける人は自慢話をしません。いろいろな人を見ていて、この人はすばらしい、ぜひ見習いたいと思っていた人が、あるときからやたら自慢話を始める。するとその人はそこで成長が止まってしまって、それ以上のポストにいかなくなる。

私も自戒をしないといけないといつも思っていますが、ついつい自分ががんばってきたことをわかってほしくて自慢話をしてしまい、自己嫌悪に陥ってしまいます。

2 部下や後輩に「教えて」と言えるか

年齢を重ねれば重ねるほど、新しい情報は理解しがたく、またアンテナも鈍くなりがちです。

そんなとき、自分の部下や後輩に、「わからないので教えてほしい」と言えるかどうか。これも自分が成長し続けているかどうかを判定する大きなポイントです。

謙虚であれという言い方もできるのですが、見方を変えれば、後輩や部下が、先輩や上司から「教えてほしい」と言われたら、とてもうれしいはずです。

私が日産サニー大阪でクルマのセールスマンをしていたとき、名刺を2万枚配ったことを褒めてくれた当時の社長、その後日産自動車本社の常務になった方です。

そんな一般の社員から見れば神様のような存在の方が、突然電話をしてきて「おーい岩田、時間があったらちょっと来てくれ。聞きたいことがあるんだけれど」なんて気さくに声をかけてくださります。

申し上げた意見がどれだけ役に立ったかは自信がありませんが、私がどれだけうれしかったか。

上に立つものが謙虚さと向上心を持ち続けると、組織全体が成長し続けるのです。

3 目標は細かく設定する

努力をしなければいけないことはわかっていても、なかなか行動に移せない。そんな悩みを抱えている人に詳しく話を聞いてみると、あれもこれもしなくてはならないと抱え込み、結局何もできなくてさらに落ち込むという悪循環に陥ってしまっているケースが多いようです。

大きな目標を持つことをすすめているわけですが、一方で、やるべきことが大きすぎて何から手をつけてよいか途方に暮れてしまうことがあるのも確かです。

こうした事態を避けるには、ミッションのような長期的なゴールを掲げながらも、**短期的な、小さな目標を細かく設定し、ひとつひとつクリアして実績と自信を積み上げていくこと**です。

自分は何もできない。自分は失敗ばかり。何をしてもうまくいかない。こういう劣等感は、ときに大きな悪影響をもたらします。

とにかく、まず少しでも始めてみることです。文章ならタイトルだけでも書いてみる。読書ならまえがきとあとがきだけ読んでみる。とにかくプレッシャーを感じない程度に、まず手をつけること。これが一番大切です。

4　英語を学び、海外で勉強する。社内制度があれば最大限活用する

私は日産自動車時代の１９９０年、社内留学制度によって、アメリカ・カリフォルニア

大学ロサンゼルス校(UCLA)のアンダーソンスクール(ビジネススクール)に留学しました。

経営学の総本山といわれるビジネススクールで、ファイナンスやマーケティングを学ぶこと、異文化を体験すること、価値観の多様性を知ること。ビジネススクールの留学には、さまざまな目的がありました。

社内制度を利用することができたのは、さまざまな先輩方の推薦、サポートのおかげです。もしあなたの社内に制度が用意されている場合は、ぜひ活用することを検討してみてください。当時の私は、社内試験に落ちても、住んでいるマンションを売ってでも留年する覚悟まで持っていました。

最近は、グロービスや早稲田、慶應、一橋、といった、国内のビジネススクールも充実しています。それでも私なら、異文化体験の魅力に惹かれて、国外のビジネススクールを選びます。

最後に、英語について。私は英語をネイティブのように話せるわけではありません。そんな私からのアドバイスですが、何よりも大切なのは絶対的な学習量、勉強時間の確保。そして「英語を学ぶ!」という強い動機づけが大切だと思います。正直に言って、英語学習はつらく長い道のりです。終わりもありません。私からできる簡単なアドバイスは、次のようなものです。

・英語を勉強する目的を明確化する（TOEIC700点なのか海外留学なのか）
・絶対的な勉強量を確保する（生半可な学習時間では、ほとんど向上しません。とにかく英語漬けになることです）
・教材としてよくできているNHKの英語講座を活用する
・リスニングの向上のために、正しい発音で話す
・英語は単語に始まり単語に終わる（語彙《ごい》を増やすのは地道だが大切）
・英語をいちいち日本語に変換するのではなく、英語のまま理解する

5　アウトプットを始めると、インプットのレベルも上がる

私は今、インターネットのブログやフェイスブックに気に入った言葉や格言を、自分のコメントをつけて公開しています。

・ブログ　http://leadershipjpn.blog.fc2.com
・フェイスブック　http://www.facebook.com/matsuo.iwata

スターバックスのCEOを辞職したあと、ビジネススクールのグロービスや一般企業研修の講師をしたりしていますが、そこで初めて、**人に教えるということは、自分が学ぶより3倍くらい勉強しなければいけない**ということを実感しました。

自分が生徒として予習するのは通り一遍で充分ですが、教えるとなれば、まず自身でよく理解したうえで、飛んでくる質問を想定して答えを準備したり、関連する事項を事前に調べたりしなければなりません。やはり、そこから学ぶことも、生徒の3倍にはなると感じています。

結局お金をいただいて一番勉強になっているのは私自身なのです。

私が実践している10の読書術

インプットの代表格とも言える「読書」についても触れておきます。私はとにかく本が好きで、時間があれば書店に行き、おもしろそうな本を探します。

1 クルマが売れなければ本を読む

クルマのセールスマンになった当初、徒手空拳に近い状態だった私は、ほとんど成果が上がりませんでした。

取り組む以上は結果を出そう、そしてがんばってクルマを売って社長賞をとってやろうと思っていました。そのときに、自分で目標を作りました。**毎月、売ったクルマの台数と、読んだ本の冊数を合計して10にしよう。**クルマがたくさん売れたら忙しい。5台売ったらプラス5冊の本を読む。10台売れたら本は無理に読まなくてもいい。まったく売れなかったら、とにかく10冊読む！

だから、セールスの活動と並行して、一所懸命喫茶店で「サボり」ながら本を読んでいました。トップセールスマンの著書や司馬遼太郎の作品をたくさん読みました。ちなみに学生時代も、雑誌を含めて月10冊の本を読むと決めていました。このように、ある程度自分にノルマを課して読むことも大切だと思います。

2　いい本は何回も読み返す

私は気に入った本は何度も読み返します。ときには数年後、10年以上経って読み返すこともあります。

自分でも不思議ですが、読み返すたびに感動する箇所が違います。前回読んだときから時間が経過し、**立場も経験も違っていると、線を引く箇所も変わってくる**のです。自分自身が変化した証拠です。

反対に、何度読んでも、何度も線を引いてしまうところもある。それは、時間が経過しても変わらない、著者の本質的なことなのでしょう。

3　毎回線の色を変える

線を引くときには、ちょっとしたコツがあります。**初めて読んだときに気になったところは黄色のラインマーカー、二度目は赤色、三度目は緑色**、という具合に色を変えていきます。

こうすると、読んだ当時の自分の状況なども踏まえながら、**自分の心にどんな変化が起きたのか、何が変わらないのかをひと目で確認できます。**

その場で思いついたことがあれば、直接本の余白に書き込んでいきます。

さらに、とても好きな言葉は、ノートに書き写します。それが、先ほどのブログやフェイスブックの「ネタ帳」になっているというわけです。

線を引いておくと、3分、5分といった細切れの時間に、「自分の心に響いた言葉」を、パラパラと見返すこともできます。これはかなり効果的な復習です。

4　しおりには名刺を使う

これは読書術と言うよりもただの癖なのですが、私は本を読んでいるとき、その当時の名刺をしおり代わりに使うことにしています。読み終えたら、そのまま入れておきます。

先ほどの線の色を変える、というのと同じですが、数年後、同じ本を読み返すと、前回はどんな立場のときに読んだのか一目瞭然。かなりの時間が経っている場合は、感慨深くていろいろ考えてしまいます。

ああ、これはアメリカ留学中に読んだな。これはセールスマン時代だったか！　何年ぶりだろう？

そして、**当時との理解の仕方の違いを、自分自身の成長として意識する**こともできます。若い頃と今では、同じ本からでも吸収する要素がまったくと言っていいほど違う。同じフレーズから受ける印象も異なっている。自分が成長してより深い読み方ができてきているのかなと思います。

だから私は、気に入った本は絶対に捨てません。

5 テーマや著者を深堀りする

読書傾向としては、大好きな司馬遼太郎の小説なども読むのですが、ビジネスに役立つ書籍、仕事に直結するテーマがほとんどを占めています。いわゆるビジネス書です。ときには小説を読みたくなりますが、老後の楽しみにとっておくことにして、今は自重しています。時折心が疲れたときに、元気の出る小説を読む。それ以外は、ほぼビジネス関係だけといっていいくらいです。

今こうしてビジネス書を書いている私が言うのも変かもしれませんが、ビジネス書など読んでも役に立たない、何も変わらないという人には、一言言いたくなってしまいます。

あまりに視野が狭い。**本のすごいところは、ひとりの人間が何年もかけて、あるいは一生を通じて体得したことが、じつにコンパクトにまとまっていることです。**自分が未経験なことも、ほとんどはどこかのだれかが何らかの形で書いています。それなら手っ取り早く吸収できるほうがよいに決まっています。

以前、自分がとても勉強になった本を部下の役員にすすめたところ、ビジネス書は読まないとか、本はすべて図書館で借りるとか、人にすすめられた本は読まないと公言していましたが、何ともったいなく傲慢な人だろうと思いました。

ビジネス書の中には学ぶことがたくさんありますし、ヒントがとてもたくさん存在しています。

私は、**そのとき関心のあるテーマ、あるいは関心のある著者の本をひたすら集め、一気に読み始めます。**

最近では、リーダーシップ論。私の本棚はどうなったか？　およそ1年間にわたって、リーダーシップと名のつく本は、出合った限り片っ端から読んだため、まるで書店のように「リーダーシップコーナー」が完成してしまいました。

同じように、司馬遼太郎や安岡正篤、渡部昇一、小室直樹といった有名な著者の本を、立て続けに「作者買い」して読み漁ることもあります。

6 複数の本を併読し、ときには見切る

私は、手元に読む本がないことに、恐怖感を覚えてしまいます。今電車が止まったら？ 突然30分時間が空いたら？ 本がないと、恐ろしくて仕方がない。だから常に複数の本をカバンに入れて持ち歩きます。時間を無駄にしたくないという気持ちが半分ですが、それとともに、もっと本を読まなければといつも思っているからです。

長期の海外出張となると、10冊以上は持ち歩きます。

複数の本を持ち歩くもうひとつの理由は、併読する読書スタイルだからです。常に何冊かの本を、同時並行で読みます。

そして、4分の1ほど読んだところで、おもしろくなかった本、自分にフィットしない本、難しすぎた本、今読む必要のない本などを、躊躇なく見切ってしまいます。私の場合、正直に言うと読み始めた本全体の3割くらいは、途中でやめてしまいます。また気が向けば続きを読むこともありますが。

もったいないという考え方もないわけではありませんが、**時間という再生不可能な資源を浪費するほうがもったいない**と感じます。限られた時間の中でインプットをするのですから、読み始めはお試しくらいの感覚でちっとも構わないのです。

7　書店には大きな価値がある

私は、書店に行くのが大好きです。

転職したり、オフィスが移転したりしたとき、周囲に最初に尋ねるのは、**「ここから一番近い大きな書店はどこですか？」**です。

一度書店へ行くと、最低小一時間は店内を回ります。そして、3〜5冊の本をまとめて買うことが多い。

アマゾンなどのインターネット書店を使うこともあります。特にひとりの著者やテーマを追っている場合、すでに買う本が決まっているときには便利です。

一方で、特に知らない著者や新しいテーマを探すときは、本という物体が持っている物理的な感覚、手に取ってすぐ文章や著者の経歴を見られることに価値を感じます。ビビッと、ではありませんが、直感的なところで決めることもあります。

ランキングは一応確認しますが、**ランキング入りしているという理由だけで買うことはありません。**ランキング上位の中に、自分の関心のある分野の本が含まれている場合だけ、念のためチェックするといった程度です。

8 残念な書店、気迫のこもった書店

私が書店に求める究極的な機能は、コンシェルジュ的な要素です。

自分がかかわっているビジネス分野に関しては、本屋さんの担当者のレベルがわかってしまいます。

最近は一見大きな、商品が充実しているかのように見える書店でも、棚に並んでいる本を見ると、ビジネスをまったくわかっていない人が本を並べているなと思うことがあります。置いておくべき本がなかったり、内容がまったく関連ない本同士を同じコーナーに並べていたり……。とても残念です。

ならば大手書店の、大きな店に行けばいいというのもひとつの解決策でしょう。今売っている本はほぼすべてそろっているのですから。

でも私は、ある程度限られたスペースに、オーナーの気迫が感じられる書店を見つけると、とてもうれしくなります。

東京・神宮前に、「ＪＳＴＹＬＥ ＢＯＯＫＳ」という小さな書店があります。私は何の予備知識もなく、本当に何げなく入ったのですが、決して広くない書店なのに、とても惹かれるいい本ばかり置いているのです。

気になってまた通ってみると、行くたびに本が変わっている。次も、また変わっている……。しかも私が読みたくなる本ばかり。何かオーナーから挑戦を受けている感じがしました。

じつはそのお店の店主の方とは、後日、フェイスブックでつながることができました。彼が言うには、「岩田さんは、いつもこちらが読んでほしいと思う本を選んでいた」そうです。

そして、私が次に来たときに気に入った本がなくてがっかりしないように、よい本を並べていたと。まさに挑みかかるというか、真剣勝負の世界。彼は職人的気迫で品ぞろえを更新していたのです。

こんな、**お互い「お主、できるな！」と言い合えるような空間。これこそ、リアルな書店が輝かせうる最高の火花ではないかと思うのです。**

私は、そのお店の店主さんの気迫を感じる書店が、少なくなっているように感じます。

9　心に響いた本は、必ずその場で買う

本好きの方ならわかっていただけると思うのですが、**書店で見かけ、少しでも心に響い**

た本は、必ずその場で、迷うことなく買ったほうがいい。自分の反省も含めて、強くそう思います。

迷って見送ると、あとになって、あのとき何かよさそうな本を見かけたけれど、どれだったのか思い出せなくなるという、のどに小骨が刺さったような苦しみを味わうことになります。

一目惚れするたび本を買って、その3割を放棄してしまうのはもったいないというのも、正しい考え方でしょう。でも私は、毎晩飲んでお金を使うことに比べれば、たいした贅沢ではないと考えます。

自宅には、積ん読、つまり買ったままで読んでいない本もたくさんあります。読み終わった本も含めれば、自宅の床が抜けてしまうのではと心配になるほどの数がある。とにかく捨てられないのですから、老後の楽しみが詰まっていると考えておくより他にありません。

10　私のおすすめ書籍

『ビジョナリー・カンパニー――時代を超える生存の原則』（ジェームス・C・コリン

ズ、ジェリー・I・ポラス著、山岡洋一訳／日経BP社）

『ビジョナリー・カンパニー2――飛躍の法則』（ジェームス・C・コリンズ著、山岡洋一訳／日経BP社）

現役の経営者や、経営学を学びたいと考える人に、私はこの本を必読書としておすすめします。私自身も何度読み返したか覚えていません。

事例がふんだんに載っていて、説得力が高いことがポイントです。読むたびに発見があります。この本は「われわれは何者で、何のために存在し、何をやっているか」という基本理念を示しています。ミッションを考えるうえで、この基本理念以外は何を変えても構わないけれど、この基本的な価値観だけは、何があっても絶対に変えてはならないのです。そして具体的なミッション構築にも、重要な示唆を与えてくれます。

『坂の上の雲』／『竜馬がゆく』（いずれも司馬遼太郎著／文春文庫）

内容は省きますが、たくさんある司馬遼太郎の作品から選べと言われれば、この2冊を挙げます。

私にとっての司馬遼太郎作品は、セールスマン時代と留学中の印象が強いのです。まとまった読書時間がとれたからだと思います（ある意味長い作品で中毒性が強いです）。

UCLAのビジネススクールに通って、「株主のための経営学」を学んでいた私は、ファイナンスやマーケティングといった精緻な理論を学べば学ぶほど、精神的な飢餓状態に陥ってしまいました。何でも数値化して損得ばかりを考えていると、心のバランスをとりたくなって、哲学的なものへの飢餓感を自覚していたのです。それを埋めてくれたのが、愛読していた司馬遼太郎であり、安岡正篤の陽明学関係の本でした。

私は経歴から外資系企業や彼らのカルチャーに首まで浸かっている人間だと思われがちですが、本人としては「和魂洋才」を目指しています。

どうしても司馬作品をひとつに絞り込めなかった理由は、学ぶことは『坂の上の雲』のほうが多いけれど、読んで文句なしに元気になれるのは『竜馬がゆく』だから。要するに、私の中での「用途」が異なるのです。

『竜馬がゆく』は、転職を迷っているとき、あるいは新しいチャレンジを始めるとき、無性に読み返したくなります。志（ミッション）や元気を活性化し、一丁やってやるかという気分を奮い立たせてくれるのです。

この他、次の著者もおすすめします。

・P・F・ドラッカー（40年前に書かれたのは奇跡。今なお光り輝いている）
・小室直樹の著作（勉強になる！）
・小島直記（『出世を急がない男たち』などの伝記）
・渡部昇一（日本人としての誇りを持つために）
・安岡正篤（特に読みやすい講話録、および弟子である伊藤肇による解説書）
・大前研一（特に『企業参謀』はコンサルタントのバイブル。情報収集用）
・マイケル・ポーター（『競争優位の戦略』だけ読めば戦略関係の他の本はいらない）
・フィリップ・コトラー（マーケティング界の神様）
・古典では、『言志四録』、『菜根譚』、『十八史略』など

妻と花壇とノイローゼ

本書の最後にメンタルについて書いておきます。

私は日産自動車時代、一度ノイローゼになりかけたことがあります。

結論から言えば、心療内科の予約を取ったことで安心し、結局医師や薬の世話にはならずに済みました。

私は日産社内の留学テストをクリアし、週刊誌「週刊SPA!」に、「我が社の英語名人」として紹介され、まさに夢と希望で胸が膨らんでいました。

ところが人事異動で、留学を応援してくれていた部長、課長が異動となり、新しい上司とどうしてもなじめませんでした。

留学そのものにも反対され、新しい仕事がどんどん回されてきます。留学準備も並行して行っていましたから、残業は連日深夜に及びました。

やがて寝てもさめても仕事と留学準備のことが気になるようになり、不眠症、食欲不振に陥ってしまいます。わずか4週間で5キロ以上やせてしまい、妻に「もう大阪に帰ろう」と涙ながらに語ったこともあります。

妻は冷静でした。ある日、こう言われてはっとしたことがあります。

「マンションの前に咲いている花を見た？」

私は、毎日前を通って目にしているはずのマンションの花壇の花にも気づいていなかったのです。留学のための英語のテストも受けるたびに点数が落ちていき、仕事が多忙なために留学準備は進まない。仕事もうまくいかない。ただ焦るばかりでした。

このままでは潰れてしまう。しばらくは留学のことは忘れ、仕事が不安にならないよう納得がいくまで働くようにしました。留学先を選ぶ時期が近づいていたのですが、トップ10のビジネススクールに入るという当初の目標を下げ、トップ30ぐらいまで落としてもいいと考えるようにしました。

夏休みに妻が用意してくれたお金で寺子屋のような留学予備校に一週間通い、そこでよき友人に知り合え、ようやく精神的に落ち着き始めました。留学のための英語試験も点数がそろい、時間との戦いの中、受験。運よく4校から合格通知をもらうことができ、結局は第一希望のトップ10スクールのひとつ、ＵＣＬＡに進むことができたのです。

本当に、ギリギリですり抜けました。

このように、私は何とかノイローゼを克服できたのですが、その後数年間は、時折胸がドキドキする特有の焦燥感が続きました。

私はギリギリのところで医師の世話にならずに済みました。それは自分が病気であることを自覚し、クリアする目標レベルを下げることで、運よく切り抜けることができたからです。

万が一不安感で仕事が手につかなくなったり、不眠症などの自覚症状があったりすれば、迷わず病気だと割り切って受診することをおすすめします。無理をしてはいけません。疲れたら休む。

闘ってばかりでは、潰れてしまいます。

悪い状況は決して長くは続かない

いじめを受けた子どもが自殺してしまう事件が盛んに報じられます。とても胸の痛いできごとです。

人は、時々悪いことが重なって、精神的にピンチに陥るときがあります。しかし、客観的な見方が保たれていれば、それが一時的な状況であるとわかるはずです。大企業であれば、上司とそりが合わなくても、数年以内にどちらかが人事異動になるのですから。

そう思えれば、がまんのしようもありますし、追い詰められずに、割り切ることもできるでしょう。

しかし、子どもや、大人であろうと心理的に危機的な状態にある場合は、そこが見えなくなります。

トンネルには、必ず出口がある。

しかし、抜け出せないかもしれないと思ってしまったとき、精神を病んでしまいます。

とにかく、悪い状況と言えども、決して永続するわけではありません。それを忘れないことは、メンタル面の健康を維持するためにとても重要なポイントです。

同時に、ノーと言える勇気、あるいは、いざと言うときは逃げ道に駆け込むことを恥と思わないでください。

終　章
Epilogue

社長室の写真

ザ・ボディショップ時代、私の社長室には、100人ほどの店長さんたちと、30人ほどの新入社員の人たちの顔写真を飾っていました。

当初の目的は、名前を覚えるため。

お店を回る。新入社員研修をする。そのたび、みんなの顔と名前を一致させたくて、写真に名前をマジックで書き込み、ボードに貼りつけていました。

1か月もすると、写真全員の顔と名前が一致するようになりました。

社長という職業は日々、いやなこと、つらいこと、気分が滅入ることも少なくありません。しかし、そういったネガティブなことはだれにも話せない。社長が孤独を感じる瞬間です。

そんなとき、私を励ましてくれたのは、他でもない、写真の中に映る彼女たちのすてきな笑顔でした。

どんなにつらくても、苦しくても、疲れても、この人たちのためにがんばらなければいけない。何よりも社長としてがんばれる原動力は、彼女たちの笑顔に報いようとする使命感でした。

スターバックスのパートナーたちに伝えたいこと

あの忌まわしい東日本大震災後、私は、ひざの手術のために大阪大学病院に入院していました。

このときすでに、スターバックスのCEOを辞職していました。

たったひとつの心残りは、スターバックスでともにがんばってくれていたパートナーたちに、最後のお別れを言えなかったことです。

とにかく急だったのです。

フェイスブックを始めたのは、私なりの気持ちを伝えるためでもありました。

みんなを勇気づけたいという一心で、「リーダーに贈る言葉」を発信し続けています。

オバQのカード

私がお店回りをしていた頃、時々パートナーたちに「岩田さん、サインしてください」と言われることがありました。

お店を訪問した記念みたいなものだと思うのですが、そんなときは、カードとペンを持って来てもらい、絵とメッセージを添えて渡していました。

絵は、「オバケのQ太郎」。

20代のパートナーには古くてわからないかもしれませんが、私がまともに描ける絵は、オバQしかないのです。

そこに、「いつもありがとう」とか、「がんばってね」とか、一言を添えました。

時々いたずらもしたものです。

ふらっと、突然お店に現れる。「お疲れ様! どう元気? 困ったことはないですか?」

パートナーたちの邪魔をしないように気をつけながら、ひとりになる瞬間を狙います。

みんなが接客で目を離している隙に、カードを1枚失敬し、オバQの絵とメッセージを描いて、こっそりバックヤードの目立たないところに貼っておきます。

そして、「じゃあね、がんばってね！」なんて言いながら、お店をあとにする。

パートナーが隠されたいたずらオバQの存在に気づくのは、何時間後かな。

いや、3日後くらいかな。

びっくりして、ちょっとホッとしてくれるといいな。

ちょっとニヤニヤしながら会社に戻る。そんな時間が、私にとってはかけがえのないものでした。

愛している人ががんばっていれば、私もがんばれる

私は、CEOではなくなった今でも、ひとりのスターバックスファンとして、そしてパートナーたちと触れ合い、ときに心を豊かにしてもらいたくて、「お店回り」を続けています。

さすがに、自分から声は滅多にかけません。それでも、私のことを覚えていてくれるパートナー、私に会ったことはないけれど、マネジメントレターの大ファンだったとか、フ

ェイスブックを読んでくれているというパートナーに呼び止められることがあります。

「岩田さん、ずっとお会いしたかったんです」

そう言われると、とてもうれしいし、今までしてきたことは間違っていなかったと思えます。

そしてサインを求められ、相変わらずオバQを繰り出すのです。

今この瞬間も、スターバックスのお店では、笑顔のパートナーたちがつらい立ち仕事で、お客様の心を満たそうと一所懸命に働いている。ザ・ボディショップに入社し、あっという間に急成長したかつての新入社員たちも、立派に「一国一城の主」になってがんばっている。

あの、愛する人たちががんばってくれているから、私もがんばらなきゃ。

私はそんな思いで、今の仕事に打ち込んでいます。

ある店長同士の交流

とびっきりうれしい話を聞きました。

新潟では、ご近所同士のスターバックスとザ・ボディショップの店長同士が仲よくなっているというのです！

確かに、ふたつのお店は、商圏も客層もよく似ています。わりと近所にあるケースが多いのです。講演で新潟に行く機会があり、帰りに時間を作って訪ねました。

私はザ・ボディショップでの成功をステップに、スターバックスにチャレンジしました。そしてスターバックスを辞任しました。そのことを何も後悔はしていません。ザ・ボディショップでも、スターバックスでも、

「岩田さん、いつまでも社長をやってくださいね」

と、お店の人たちからよく言ってもらいました。スターバックスに移るとき、なぜか

ザ・ボディショップのスタッフたちは、行く先がスターバックスなら許してくれるのではないかと勝手に思っていました。

でも同時に、ザ・ボディショップのみんなは怒っているかもしれないなとも想像していました。

ところが、それは私の取り越し苦労だったのかもしれません。

笑顔で私を迎えてくれた新潟のザ・ボディショップの店長さんは、私もよく覚えている人でした。

「いつも、スターバックスの店長さんと岩田さんの噂をしているんですよ」

店長さんは笑って教えてくれました。

その足でスターバックスに寄ってコーヒーを飲むと、私にしか絶対わからない、私だけの人生の味がしました。

私は彼女たちをはじめとする、私とミッションを共有してくれたすべての人たちに感謝します。

この本を読んだあなたが、ミッションを高く掲げ、また他のだれかのミッションに共鳴することで、すばらしい人生を送られることを願います。

そして、それが日本を、世の中をよくすることを祈ります。

あなたにもミッションを一緒に共有し、火花の輝きを見つめてくれる仲間が、きっと見つかるはずです。

2012年9月

岩田　松雄

ミッション
元スターバックスCEOが教える働く理由

発行日 2012 年 10 月 7 日　第 1 版第 1 刷
発行日 2012 年 10 月 29 日　第 1 版第 2 刷

著者　岩田松雄
デザイン　井上新八
編集協力　増澤健太郎、齊藤宗之（ロハス工房）
写真　株式会社アマナイメージズ
編集　黒川精一
発行人　高橋克佳
発行所　株式会社アスコム
〒105-0002　東京都港区愛宕 1-1-11　虎ノ門八東ビル
編集部　TEL：03-5425-6627
営業部　TEL：03-5425-6626　FAX：03-5425-6770
印刷　中央精版印刷株式会社

Printed in Japan ISBN978-4-7762-0745-0